Henrietta Shuck

外籍族群

戰前香港的

非我族裔

細味香江系列

游子安　張瑞威　主編

# 非我族裔：
## 戰前香港的外籍族群

丁新豹

盧淑櫻　著

**細味香江系列**

主　　編　　游子安　張瑞威

責任編輯　　鄭海檳

書籍設計　　鍾文君　吳丹娜


書　　名　　非我族裔：戰前香港的外籍族群

著　　者　　丁新豹　盧淑櫻

出　　版　　三聯書店（香港）有限公司

　　　　　　香港北角英皇道 499 號北角工業大廈 20 樓

　　　　　　Joint Publishing (H.K.) Co., Ltd.

　　　　　　20/F., North Point Industrial Building,

　　　　　　499 King's Road, North Point, Hong Kong

香港發行　　香港聯合書刊物流有限公司

　　　　　　香港新界大埔汀麗路 36 號 3 字樓

印　　刷　　中華商務彩色印刷有限公司

　　　　　　香港新界大埔汀麗路 36 號 14 字樓

版　　次　　2014 年 11 月香港第一版第一次印刷

　　　　　　2015 年 4 月香港第一版第二次印刷

規　　格　　大 32 開（142 × 210 mm）264 面

國際書號　　ISBN 978-962-04-3668-0

出版緣起

「細味香江系列」的構思，可以從梁濤先生（筆名魯金、魯言）主編的「古今香港系列」說起。此系列從 1988 年《九龍城寨史話》到 1995 年《香港東區街道故事》的出版，凡 14 本，不僅受讀者歡迎，還開啟了不少人對閱讀本地史的興趣。二十年過去，其間雖然不乏香港研究或掌故著述，但總是教人覺得欠缺既有主題又有系統地結集的系列或叢書。因此，我們組織了是項選題。

「細味香江系列」，分為社會、文化、宗教和教育等類別，題材包括村落歷史、傳統建築、嶺南文化、族群生活、珠寶業與香港社會、旅行與閑暇生活、道教與民間宗教、鄉村學校與香港教育等。學術性與生活化兼具，着重帶出本地史之趣味，故名「細味香江」。每本字數 8 至 10 萬，作者儘量多附圖片或地圖，以期圖文並茂，用生動活潑的文風吸引開卷並引領讀者思考。期望此系列適合中學教師、學生及一般文史愛好者閱讀，可作為香港史與人文學科的教材，以及通識教育的課外讀物。

「細味香江系列」，也與編者於華南研究會的經歷分不開。我們相繼擔任華南研究會會長八年，眼見香港社會經濟高速發展，不少歷史古蹟和文化現象還來不及細味、探究，景物已漸行漸遠，風微人往，不易捕捉。幸好一批對香港社會和文化傳承長期傾注的學者，多年搜集資料，或已進行研究計劃，成果漸豐，只是尚未遇上出版機緣。近年與教育界、文博界、旅行界多方友好接觸，發願組織具有意義的課題，對本地史盡一點綿薄之力。出版計劃提上日程的是《問俗觀風：香港及華南歷史與文化》之刊行，此書是華南研究會創會二十週年的著作，2009 年出版後，承其餘緒再組織選題，翌年春夏之際擬定出版計劃，最初是聯繫相關社會、文化團體資助出版，然而「好事多磨」，歷經一年半延宕仍未有着落。直至 2012 年初，才由香港三聯書店落實出版，如今真有「輕舟已過萬重山」之感。

此系列得以出版，我們特別感謝香港中文大學文學院院長暨歷史系講座教授梁元生先生，慨允撰寫＜總序＞，序言帶來點睛之效，更讓全書生色不少。我們尤為銘感諸位著者，平日忙於教學或其他工作，為配合出版，都依時完成書稿，使計劃得以順利開展。此系列籌劃過程中，鍾潔雄女士提出寶貴意見與襄助；梁偉基兄付出莫大心思和努力；編輯作了認真的審閱，提出具建設性的修改意見，在此一併致謝。

此系列付梓在即，編者藉此對梁濤先生以及本地史前輩學者的貢獻，致以深摯的敬意。需表明的是，已計劃出版的題材只起發端作用，期望此系列可以編撰下去，使本地史、「香港學」能夠蔚然成風，進而雅俗細味共賞。

游子安　張瑞威
2013 年 1 月

# 總序

一般香港歷史書籍喜歡從下列幾個角度出發探究香港歷史:

第一,年代學的角度 —— 即是從古時到現代的分段闡述香港歷史,由早期的人煙罕至的漁港,到珠江口外的商船暫泊的外島,到被英國佔領及開發的殖民地,到發展成為亞洲商城和國際都會的過程。

第二,殖民地的角度 —— 從香港作為英國殖民地說起,其發展與英國殖民地政策及英人統治息息相關,包括政治、商業、社會、經濟、教育各方面,無不與殖民地體制和官員有着緊密的關聯。

第三,中國主體的角度 —— 強調中國本位和華人本位,香港歷史需要背靠祖國,主要由華人締造,而非全靠英國人的功勞。例如來自中國大陸的移民在香港起着開墾、奮鬥的作用,替香港經濟轉型和社會發展做出了極大的貢獻;又例如大陸出產的糧食和東江水,都是香港人賴以生存的必需資源;而國家的政局也左右着香港的社會穩定和經濟興衰。

「細味香江系列」所代表的,可以說是一個本土歷史的角度。系列的主編和多位作者,都是在本地從事歷史工作的專家學者,而且多年來一直從事香港史的研究。其中幾位資深學者如丁新豹對早期香港華人社會的分析、蕭國健對新界鄉村傳統的著述，都已廣為人知；其餘學者亦多科班出身，對中國和香港的近代歷史素有鑽研，在不同的方面為香港史努力作出貢獻。「細味香江系列」就包括香港城鄉的發展、香港的傳統及現代教育、各個不同的宗教、日治時期的生活，以及旅行、珠寶等專題，和調景嶺、昂船洲等歷史個案。

過往的香港史，多出於業餘史家之筆，以茶餘飯後之掌故為題材者居多。今得諸位學院同仁齊心協力，貢獻專長，為建設本地歷史而努力，實在是可喜可賀的大事。「系列」行將付梓，予有幸得先睹為快，並綴數語，樂為之序。

梁元生
香港中文大學文學院院長
暨歷史系講座教授
2013 年 1 月

## 多元民族建構的香港社會

香港是一個國際城市。在街道上蹓躂，不時可看見西裝煌然，口袋插袋巾，紳士模樣的洋人，黝黑結實的尼泊爾人（啹喀），頭纏白布的巴基斯坦人，或披頭紗，身穿紗籠的印度婦女，偶然還會碰上頭戴黑帽的猶太人。事實上，自開埠以來，華人雖然一直佔總人口的 95% 以上，但仍有不到 5% 的非華裔人口，這包括來自歐美的不同族裔（英國、美國、德國、法國等），東亞（韓國、日本），南亞（印度、巴基斯坦、尼泊爾等）及東南亞諸國的僑民（馬來亞、泰國、越南、菲律賓等）。論人數，他們遠比華人為少，但在九七回歸前，部份非華裔僑民在經濟實力上與華人不遑多讓，政治影響力尤有過之，在二次大戰前尤其如此。百多年來，在香港建設和發展為國際大都會的進程中扮演過重要角色，不容忽視。

香港位於中國大陸南陲，背靠珠三角，處於東亞、東北亞與東南亞航道的必經之地，地居要衝，維港水深港闊，加上受到英國法律的保護，故自開埠之始，便吸引了一批又一批不同族裔的人不遠千里，甚或萬里而來；有舉家逃難來的，有年輕人隻身來此找尋機會的，也有坐擁巨資的財團覷中香港的優越營商環境而來此大展拳腳的。香港像是一塊磁石，吸引着各地的來人。像上海一樣，香港也是冒險家的樂園。

　　從英軍在水坑口登陸的第一天，港島上已駐有英國軍隊。1843 年換約及正式宣佈為殖民地後，原居於澳門的外國僑民陸續遷到香港來。1845 年總登記官塞繆爾·費倫（Samuel Fearon）估算香港的人口有 23,817 人，其中 595 名是歐洲人，362 名是印度人；兩年後，歐洲人增為 618 名，但其時的人口只憑估算，在 1853 年首次正式人口普查中，列出歐洲人與美國人有 476 名，來自果亞及印度次大陸的有 459 名，其他的有 352 名，合共 1,287 人；1861 年非華裔人口有 2,476 名，其中歐美人士增至 1,592 人；1871 年外籍人口有 8,754 名，歐美僑民達 5,931 名；1891 年香港總人口有 221,441 人，其中 10,446 人是非華裔，從 1881 至 1891 年非華裔人口增長了 3.277%；踏入二十世紀，外籍人士來港發展的絡繹不絕，在辛亥革命爆發的 1911 年，外來僑民增至 11,225 名，當年的總人口是 450,098 人；1921 年增至 12,856 名（總人口 625,166），到戰前最後一次進行人口普查的 1931 年，香港的人口增至 849,751 人，非華裔人口有 28,322 名。

　　由此可知，香港的外籍族裔人數委實不少。假如與中國最大的商埠，同樣在《南京條約》後開埠的上海比較，在十九世紀中晚期，兩地的外國僑民數目相若，香港可能稍多，但在踏入二十世紀，尤其是 1920 年代後，上海的外國僑民人數激增，迅速超越香港。據知因受到日本侵華的影響，1942 年上海外僑有 150,931 人，可知戰前香港外族社群的規模難以與上海相比。

1871 年以前的人口普查只籠統地列出歐美人士（Europeans & Americans），果亞的印度人與華裔人口，從 1871 年的人口普查起，更列出非華裔外來人口的族別，讓我們可查知某年份本港某族群的人口，為研究香港外籍人士提供了寶貴資料。比方在 1871 年已有英、葡、德、美、法、丹麥、意大利、西班牙、瑞士、奧地利、挪威、瑞典、俄羅斯、比利時、墨西哥、荷蘭、土耳其、匈牙利、希臘、印度（包括巴斯等多個種族）等族裔在香港活動；到了二十世紀初的 1906 年，增加了巴西、保加利亞、羅馬尼亞、智利、秘魯、阿富汗、安南、阿拉伯、緬甸、暹羅、馬來、爪哇、埃及等種族，非華裔人口達 21,560 人，同年的華人人口為 307,388 人；在 1931 年，也就是戰前最後一個提供非華裔外來人口的報告，香港的外國人來自 48 個國家。[1]

另外，從 1851 年起的政府年報（Blue Book）還提供了在港設領事的國家名錄，最早在港設領事的是美國（1845）、丹麥（1847）、法國（1849）及葡萄牙（1851）；接着是比利時（1852）、奧地利（1855）、不來梅（1856）、普魯士（1856）、漢堡（1856）、荷蘭（1857）、意大利（1858）、西班牙（1858）、漢諾威（1859）及奧頓堡（1860）；於 1860 年代在港設領事的有俄羅斯（1862）、瑞典與挪威（1862）、暹羅（1868）、德國（1869）及夏威夷群島（1869，其時為獨立王國）；1870 年代包括智利（1876）和日本（1878）；1880 年代是巴西（1880）及秘魯（1881）；墨西哥是 1891；踏入二十世紀，一大批中南美洲國家包括波利維亞、巴拿馬、阿根廷、古巴、尼加拉瓜、洪都拉斯及哥斯達黎加等先後在 1900、1910 及 1920 年代在本地設領事。當時駐港的外國領事，有自該國派來的（如美國），更多是名譽領事（如葡萄牙及暹羅），即委任香港有地位之人士出任，泰半是富商。外國在香港設領事，意味着該國與香港有某種聯繫，主要是商業聯繫，也就是標誌有該國人居於香港，否則沒有在港設領事之需要。

不同的族群何以在某一時期蜂擁而來？他們為甚麼要離鄉別井？香港有甚麼吸引他們的地方？何以某些族群的人數在不同的時期有所增減？他們如何適應香港的環境？從事甚麼行業？他們與華人及其他族群，特別是作為統治者的港英政府的關係如何？對香港可有貢獻？除了香港外，他們還有沒有在國內的商埠，如上海、天津、福州、漢口、青島等地發展？就這些問題深入探索及分析，有助於我們進一步認識香港本身所具有的特點，不同族群在某一時期的到來也牽涉到其原居地所發生的事，這些問題更與國際大環境層層相扣，緊密相連，這不僅僅局限於香港史，或者是中國史的範疇，更是屬於世界史的範疇。

戰前活躍在香港的外籍族群中，以英國人、葡萄牙人、美國人、德意志裔、法國人、日本人、猶太人、南亞裔及巴斯人，或人口較多，或財力較強，在芸芸的非華裔族群中影響力較大，貢獻較多，格外值得關注，本書乃挑選了這些族群作為探研對象。

我們採用了多方面的資料，人口數字及相關資料多來自不同年份所做的人口登記報告（Census Report），刊登在行政局會議記錄（Sessional Papers）中，其他如商業年鑑、政府年報、殖民地部檔案（Colonial Office Records CO 129）、政府憲報（Hong Kong Government Gazette）也極具參考價值。多年以來，有一些學者就不同族群作過專門研究，更有學者專注於外籍人士或社群在香港的商業活動、宗教活動及社交團體的研究，這也成為本書的參考資料，必須指出：本書並非嚴肅的學術著作，它是一本趣味性、知識性兼有的普及性香港歷史讀物，但仍儘量做到言出必有所據，亦期望能增進讀者對香港歷史的認識，啟發思考，至於就香港外籍僑民的全面而深入的探究，有待日後專家學者的努力了。

「非我族類，其心必異」，這是千百年來國人對外族的先入為主的看法，就香港的情況而言，是耶？非耶？本書將試圖為你提供答案！

丁新豹　盧淑櫻

註釋

1　*Report on the Census of the Colony of Hong Kong, 1931*, pp.111-113.

# 目錄

01

亦官亦商的英國人

　　在二次大戰前，西方列強的龍頭大哥英國在中國各商埠均擁有不少租界，但香港是唯一的一個以武力奪取的皇領殖民地（crown colony）。作為殖民地的主人，英國人在香港是天之驕子，地位高人一等，無論是政治上、經濟上、文化影響上均在其他族群之上。以人口而言，從十九世紀末更超越居港葡人，成為本港最大的外籍族群。英國政府在佔領香港時便曾清晰地指出，奪取港島乃是為了外交、經濟及軍事目的[1]。故此，香港的英國人大致可劃分為殖民地官員、商人和駐軍三個類別。此外還有醫生、律師等專業人士，以及基督新教的傳教士及來港尋找工作機會的普通英國人。由於駐港英軍的居地自成一區，與一般民眾接觸不多，而且他們駐守一段時期後便調往他地，故不在本節討論範圍之內。

## 居港英人人口統計

　　在 1871 年以前，香港的人口統計報告沒有把非華裔族群的人口細加分類，[2] 只是籠統地稱作歐美人士（Europeans and Americans）或白種人（Whites），故無法查知在開埠頭30年居港英人的準確數字。但由於主要來自澳門的葡萄牙人（白種人）與南亞裔另成一類別，故當年的歐美人士中相信還是以英人為主體，尚具一定的參考價值。1844年郭士立（Charles Gutzlaff）所做的統計是454人；1851年是647人；1856年增為840人；1862年翻了一番是1,604人。

到1871年的人口統計開始就歐美人士細作分類，是年英國非軍籍人口為869名，包括男性524名，女性160名（不包括孩童）；另外還有皇家海軍1,022人及駐軍821人。1881年非軍籍是785人，統計中出現了小童一項，婦女人數亦有所增加，說明家庭開始出現；軍方人員數目有所增加，分別是駐軍1,319人及海軍2,437人；1891年非軍籍增為1,448人。人口統計報告指出香港營商環境轉差，賺錢機會已不如往昔多，但一些英國人逐漸定居下來，小童數目續有增加。1897年居港非軍籍英人有2,374名，超越了一直以來居香港白種人人口首位的葡人（2,267名），也成為非華裔中人口最多的族群。

踏入二十世紀後，英人人口大幅增長。1901年是3,007人，其中有574名生於香港；1911是3,761人。人口統計報告指出，從1901至1906年英人人口增長迅速，但其後卻穩定下來。1906年經濟好景，故吸引了不少英人來港營商。英人中有753人在港出生，反映定居香港的英人陸續有增加。1921年英人人口是7,889名，包括男性4,706名，婦女3,183名。按其歲數分析，已婚者以35至45歲的佔大部份，未婚者以25至30歲最多，年逾70的老人極少。在港出生的大幅增至2,759人，已超過了英倫本土出生的人數。

人口統計報告就英人的居港模式作出分析，它指出 7 歲以上小童減少，原因是家長往往在此歲數便把孩子送回英國接受教育，他們學成後很少返回香港。因為一般在孩子未完成學業前，其父母已離港他往。大多數男子在 21 至 25 歲來到香港，55 歲前離開，在孩子年屆入學時，母親往往陪他們返英安排入學事宜，故 40 歲以上的已婚婦女數目驟減。

報告書又指出香港的西人流動性很強，它把 1911 年的歐裔成年男子統計與 1921 年的作比較，發現撤除公職人員，只有 197 人的名字在 1921 年的人口登記中重現。其中英人有 187 名，他們之中有 43 名任職於船塢。倘若以 1911 及 1914 年比較，則有 270 名英人仍在香港。由此，報告的觀察是除去少量專業人士、船塢僱員及公務員，歐裔人士幾乎每五年便轉換一次，大部份公司的洋僱員只完成一個合約，在約滿回國度假後便會改往他地。報告還不無感慨地指出，這正是居港英人缺乏對香港的歸屬感的原因。

報告亦指出，從 1911 年以來香港的英國商行數目已沒有增加，合併成為新的發展趨勢。1920 年世界經濟不景氣，遠東首當其衝，而歐洲的經濟在一戰結束後尚未完全恢復元氣。原先預計戰後香港的英國商行會增加的推測經已落空，故此，該報告預計香港英人人口增加的可能性不大。

資料顯示，香港的英國人大部份居住在港島，包括鰂魚涌（太古船塢）、鵝頸、黃泥涌、灣仔、中環、半山的堅尼地道、麥當奴道、寶雲道、干德道、香港大學附近[3]、山頂、港島南及九龍的尖沙咀。軍部人員分佈在赤柱、九龍塘、槍會山、昂船洲及新界北部。

到 1931 年，英人人口包括軍籍為 14,366 人，其中非軍籍的有男性 3,756 人，婦女 2,928 人；另外還有軍部人員 7,682 名。若單論非軍籍人口，比 1921 年為少。人口統計報告沒有交代英人減少的原因，但相信 1920 年代風起雲湧的工運造成航運停頓，對整體營商環境，特別是對英國商行的打擊不小，這可能是一個原因。1929 年秋天，美國金融經濟崩潰，引發全球大蕭條，商貿大受影響，這也可能是導致英人人口減少的原因。

人口統計報告就英人的歲數作出分類，其中 21 至 44 歲的有 3,459 人，佔英人人口的 54.03%；其次是 2 至 13 歲有 1,180 人，比例為 18.43%；45 至 64 歲是 1,090 人，佔 17.03%。年逾 50 的人寥寥可數。非華裔人口中在香港居留逾 30 年的只有 8.55%，20 年的佔 18%，少於 35% 的人在本港居留 10 年左右。他們一般在成年未幾便來港尋找工作，然後結婚生子，小孩到入學年齡便送回祖國上學，回到香港來的絕無僅有，父母在未踏入老年階段便買棹返鄉。

1931 年後直至二戰爆發，因局勢動盪，特別是抗戰爆發後大量華人逃港避難，政府無法再進行人口調查。據軍部在 1938 年做的簡單統計，非華裔人口有 23,096 人，這人口數字涵蓋了所有華人以外的不同族群，參考價值不高。

香港的英國人人數比其他外來族群多，而所從事的行業亦五花八門。1921 年的人口統計報告列出英人在港從事的行業種類達 16 種之多。除去駐軍，以公務員最多，其中警隊聘用 598 人，監獄署也不少（121），再其次是政府其他部門（161）。此外人數較多的行業有工程師（97）、建築師或土木工程師（48）、法律界（41）、醫藥（20）、護士（43）、教師（53）、商人（109）、打字生（80）、銀行業（78）、會計（72）、文員（297）、航運（69）、輪船工作人員（52）及看更（381），遍及社會上的幾乎每一類服務。但綜合來說，以駐軍、公務員及商人為主。

## 英國人開設的洋行

眾所周知，英國政府以武力侵奪香港的主要動機，是為英國商人可以在英國管治及法律保護下從事自由貿易，開拓中國市場。而遊說英政府採取武力奪取香港島的，正是原十三行時代在廣州從事鴉片貿易的英商，其代表是渣甸洋行及寶順洋行。[4] 故此在香港的英國人中，以商人最有話語權。[5] 香港的英國商行大致可分為兩類，在香港開埠前已在廣州創辦營商，開埠後搬到香港來的，如怡和洋行、寶順洋行及仁記洋行等；也有開埠後在此創業的如德忌利士輪船公司（Douglas Lapraik & Co.）、連卡佛洋行（Lane Crawford & Co.）、屈臣氏洋行及太古洋行等。

在香港的眾多英國商行中，論歷史悠久、財雄勢大首推怡和洋行（原稱渣甸洋行）。它是由兩個蘇格蘭人，威廉·渣甸（William Jardine）和詹姆士·勿地臣（James Matheson）於 1832 年在廣州創立。兩年後，英國東印度公司對華貿易專利權終止，渣甸洋行乃掌握時機從印度大量販賣鴉片來華，獲利甚豐。林則徐充公並銷毀洋商鴉片後，威廉·渣甸返英遊說國會以武力奪取香港。廣州十三行解散後，渣甸襲用了伍崇曜（浩官）家族的怡和行的店名。開埠後，怡和迅即購入東角土地作碼頭及倉庫，銳意經營，從事鴉片和茶葉買賣。

在蘇彝士運河開通前，怡和的帆船隊運載新茶赴歐洲，獨領風騷。怡和在中國各商埠開設分行，其中以上海的規模為最大。1872 年怡和停止鴉片貿易，業務轉趨多元化，包括工業（製糖、棉紗）、保險業、航運、倉庫碼頭、機械、冷藏等，種類之多、規模之大，遠非其他洋行可比。怡和的大班長期在本港的行政和立法局擁有一議席，更長年擔任香港總商會的主席，政治及經濟影響力異常巨大。銅鑼灣泰半街道以該洋行的大班或名下的企業命名（例如怡和街、勿地臣街、波斯富街、伊榮街、百德新街、糖街、棉花路等），在香港絕無僅有。

仁記洋行由兩名蘇格蘭人譚馬士·呦（Thomas Gibb）和威廉·利文斯頓（William Livingston）於 1836 年在廣州創立，從事鴉片及其他商品貿易。1841 年，洋行把總部搬到香港來，在廣州及澳門均有分公司。香港總店位於皇后大道中，它主要從印度輸入鴉片、棉花及棉紗，以及從中國輸出絲、茶及銀錠，獲利甚豐。仁記洋行拓展在華業務，陸續在福州、上海及漢口開設分行，所從事業務遍及機械工程、保險、航運及出入口貿易。在 1899 年它擁有一支船隊，到 1920 年代改組為有限公司。仁記的大班活躍於香港政界，不少是行政及立法兩局的非官守議員，影響力僅在怡和之下。仁記的買辦梁安（又名雲漢、鶴巢）是本地歷史最悠久的慈善機構——東華醫院的創院主席。

寶順洋行（顛地洋行）的創辦人是蘇格蘭人威廉·顛

地（William Dent）。他在十八世紀末來廣州貿易，並創辦了顛地洋行，在他三個兒子的主理下，業務蒸蒸日上。香港開埠後，在首次土地拍賣中買入中環畢打街左側瀕海土地，興建了辦公大樓、倉庫及碼頭，主要從事出入口貿易，如鴉片、棉花、茶葉等；也當保險公司代理，在滙豐銀行創辦時扮演過重要角色。論規模它僅次於怡和，是香港有數的大商行，其大班約翰‧顛地曾被委為立法局議員，顯赫一時，1865 年香港陷入經濟低潮，寶順洋行不支倒閉。

香港另一家歷史悠久的洋行是太平洋行（Gilman & Co.），其創始人里察‧機利文（Richard Gilman）早年在廣州寶順洋行任職品茶師。1842 年，機利文與艾布拉姆‧寶文合夥開設機利文‧寶文洋行（Gilman, Bowman & Co.），未幾遷到香港，店在皇后大道中。1847 年寶文退休，乃易名為機利文洋行（Gilman & Co.），又稱太平洋行（可能因該洋行擁有一隻名為太平的飛剪船，故名）。該公司從福州輸出茶葉和絲綢，從英國進口紡織品，此外相信亦有參與鴉片貿易。在 1860 年代獲利甚豐。它在福州、漢口、上海及日本均設有分行，1864 年太平洋行在滙豐銀行創辦過程中扮演過一定角色。其業務不斷拓展，包括出入口、船務及保險代理、煤炭商、船舶用品經銷商等，踏入二十世紀後更經銷汽車，1917 年太平洋行註冊為有限公司，一直延續至今。太平洋行是香港百年老店，中環的機利文街及機利文新街均是以其英文名稱命名。

香港開埠後，部份英國人認識到香港商機處處，乃攜資來港創業，後來打造商業王國，典型例子是太古洋行。

以利物浦為總部的約翰・史懷雅洋行原先是通過美商瓊記洋行（Augustine Heard & Co.）與中國進行茶、絲貿易。1867 年第二代接班人約翰・撒母耳・史懷稚（John Samuel Swire）和里察・巴特爾德（Richard Butterfield）於 1866 年在上海創辦太古洋行，作為約翰・史懷雅洋行在遠東的貿易夥伴。1870 在香港開設分行，其後亦先後在橫濱及福州設立分行。1872 年設立太古輪船公司，行走中國沿海及內河，與美商旗昌輪船公司及中國輪船招商局競爭內河航運業務。其後又成為藍煙囪輪船公司的代理。1882 年成立太古車糖公司，兩年後投產，執香港食糖業牛耳，獲利可觀。1900 年創辦太古船塢，成為遠東造船及修船的中心。直至二次大戰前，太古是香港規模最大的英資財團之一。

德忌利士輪船公司的創辦人道格拉斯・拉畢克（Douglas Lapriak）是蘇格蘭人，他在 1843 年隻身來港謀生，在一間鐘錶及航海時計店任職。在 1859 年前後，他自立門戶，因長年從事此行生意，與航運界人士接觸較多，認識到香港地理位置得天獨厚，是發展船務的理想地方，乃在 1860 年代晚期購入少量小輪船。1870 年他把鐘錶店賣與霍近拿（George Falconer），成立德忌利士洋行，未幾去世。其姪子繼承其事業，並於 1883 創立德忌利士輪船公司，航線包括香港往汕頭、福州、廈門及淡水，並在淡水設有倉庫。1893 年其姪子去世，生意由貿易夥伴繼續下去。道格拉斯生前在薄扶林買地興築豪宅道格拉斯堡，後來售與巴黎外方傳教會作修院及印刷所，今為香港大學宿舍。[6] 另外中環有德忌利士街，即該洋行原址所在。

另外一個傳奇故事是天祥洋行的創辦人喬治・本傑

太古船塢興建於 1900 至 1901 年，是太古洋行繼太古糖廠後在港島東區的另一大型
設施，它製造過大量船舶，曾是遠東最大的造船廠之一，與九龍紅磡的黃埔船塢一時
瑜亮，在 1970 年代末拆卸，並開發成今天的大型住宅區 —— 太古城。( 高添強提供 )

道格拉斯堡是德忌利士洋行東主道格拉斯·拉畢克的住宅，他在 1860 年購入港島
薄扶林鄉郊地段 32 號，並興築了一所堡壘式的府第，但他在大宅落成未幾便賣棹
回英，其姪子在 1894 年把它賣與法國巴黎外方傳教會，修建為印刷所及靜修院。
( Jonathan Wattis 提供 )

明‧多德維爾（George Benjamin Dodwell），在 1872 年他年僅 20 歲就從倫敦遠赴萬里之遙的上海加入亞當遜洋行（Adamson Bell & Co.）。從普通文員晉升到船務部門主管，十年時間，在他的管理下，業務蒸蒸日上。1886 年老闆亞當遜退休，多德維爾偕同同事卡利爾（A. J. H. Carlill）接辦，並於 1891 年在本港及上海成立天祥洋行（Dodwell, Carlill & Co.）。業務發展迅速，在內地多個商埠及英、美、加、日本等地設立分行。1889 年卡利爾退休，多德維爾改組公司，改稱 Dodwell & Co.。除了經營出入口貿易外，還從事船務及代理各種商業業務，在全盛時期它是怡和的競爭對手。在 1920 及 1930 年代，天祥的生意受內地政治環境影響，虧蝕連年。在 1938 年天祥的多間分公司取得盈餘，未幾又遭到世界大戰的打擊。天祥的大班史丹利‧多德維爾（Stanley Dodwell）從 1918 年起曾先後多次獲委任為行政及立法兩局議員，深受政府器重。

連卡佛洋行是於 1850 年由兩名英國商人譚馬士‧萊恩（Thomas Lane）及尼尼安‧克勞福德（Ninian Crawford）在香港創辦的。起初主要是售賣船舶用品，店設海旁。1859 年，它開設一個部門專營拍賣，貨品來自倫敦，生意蒸蒸日上，乃在橫濱、上海等商埠開設支店。連卡佛早年向停泊維港的船隻供應食水，擁有不少載運食水的艇。1883 年香港大旱，港府向該公司借用水艇以裝載食水，成為佳話。從 1870 到 1890 年該公司被稱作船舶用品銷售商、報紙經銷商及拍賣行，其後適應市場需要漸發展為百貨公司，經銷雜貨、洋酒、時裝、家具等。顧客可在同一商店內選購所需商品，業務蒸蒸日上，1922 年重新註冊為有限公司。

新旗昌洋行（Shewan, Tomes & Co.）的前身是老牌美資洋行旗昌洋行（Russell & Co.）。其創辦人羅拔‧休恩（Robert Shewan）及查理‧托姆斯（Charles Tomes）原為旗昌的僱員。1891年旗昌結業，休恩及托姆斯接手，英文名稱改為 Shewan, Tomes & Co.，中文則命名為新旗昌洋行，凸顯其為歷史悠久的老旗昌洋行的延續。新洋行成立後，積極拓展業務，一方面繼承了老旗昌的出入口生意，從香港輸出來自內地的生絲、疋頭、茶葉、炮竹、籐器等商品；又舶來棉花、呢絨、玻璃器皿、麵粉、麻紓、原糖及洋酒等貨品，更投資於航運、保險及製造業。它參與了青洲英泥及中華電力兩大企業的籌組。在二十世紀初，新旗昌迅速崛起，在多個城市設立分行，從事各類業務，成為遠東舉足輕重的洋行。

在《天津條約》簽訂後，長江流域大片腹地對外開放，為西商提供了廣闊的貿易前景。洋商所需融資金額巨大，香港的洋行大班迫切感到需要創辦一間本地銀行，以便為他們提供貿易信貸，包括寶順、瓊記、鐵行、禪臣、太平、德忌利士等15間大洋行（龍頭怡和沒有參與）乃發起籌組一間以香港為總部、上海為樞紐的本地銀行 —— 香港上海滙豐銀行。董事局成員由各大商行的大班出任。銀行成立後，獲港府批准發行鈔票；同時開展存儲、借貸、匯兌服務；代管港府基金，尤為重要的是在海關總稅務司赫德（Robert Hart）的支持下，取得了對華財政、鐵路、水利及礦山等方面的貸款優先權。更先後向清廷、袁世凱、北洋及民國政府提供政治貸款，從中獲取大量收益，成為

創辦於 1865 年的香港上海滙豐銀行在 1886 年建成首幢總部大樓,分南北兩部份,靠山坐落於皇后大道中部份是巍峨典雅的維多利亞式柱廊單層建築,向海是四層高的大樓,此座建築在 1932 年拆卸重建。(*Twentieth Century Impressions of Hongkong, Shanghai, and other Treaty Ports of China*)

香港以至東方最大的銀行。

二十世紀初，滙豐在北京、上海、廈門、福州、漢口、天津、廣州、橫濱、神戶、長崎、雅加達、泗水、曼谷、仰光、西貢、新加坡、檳城、加爾各答、孟買、可倫坡、馬尼拉、倫敦、里昂、漢堡、三藩市及紐約各大城市設有分行。1935 年，該行在香港興建總部大樓，巍峨壯麗，在拆卸前一直是香港的地標。而奠定該行規模的湯馬士・昃臣（Thomas Jackson）的銅像至今仍屹立在皇后像廣場，附近的昃臣道正是以他的名字命名的。

其他開埠後在香港創辦而具規模的英資洋行還有屈臣氏、Reiss & Co.、端納洋行（Turner & Co.）等，至於規模較小或只經營短時期便結業的更是不計其數。

香港的英國商人財雄勢大，跋扈專橫，影響力直達英倫高層，往往能左右港府的施政。[7] 比方德庇時的人頭稅措施便因英商的強烈反對而須修訂。德庇時亦因英商對他不滿而被撤換；寶靈的中區填海計劃因未能取得在海濱擁有土地的怡和、寶順等英商的支持而胎死腹中；軒尼詩因同情及支持華人而遭受到英商的圍攻，英商更曾多次聯名上稟理藩院，彈劾總督或要求增加立法局非官守議席和開放行政局。開埠初年，行政立法兩局全部由官員組成。直至1840 年代末，英商向英廷投訴，港督寶雲乃在立法局開設非官守議席。直至淪陷，非官守議席幾全為英商壟斷。[8]

計從 1850 年增設非官守議席起至 1941 年底，作為英商龍頭的香港怡和洋行長期佔有一席，其他出自仁記洋行（Gibb Livingston & Co.）、寶順洋行（Dent's & Co.）、鐵行輪船公司（Peninsula & Oriental Steam Navigation Co.）、太古洋行（Butterfield & Swire）、太平洋行（Gilman & Co.）、天祥洋行（Dodwell & Co.）、新旗昌洋行（Shewan, Tomes & Co.）、亞細亞火油公司（Asiatic Petroleum & Co.）等。作為香港權力核心的行政局遲至1896年才增設非官守議席，從1896至1941年其成員幾乎全為香港最具實力的英商，其中大多出自怡和洋行及仁記洋行，還有鐵行、於仁保險（Union Insurance Society of Canton）、亞細亞火油公司、天祥洋行等大商行，二次大戰前英國商人在香港的政治影響力之巨大，由此可見。

## 來自英國的專業人士

除了商人外，還有一些來自英國的專業人士來港後建立輝煌事業，成為香港的傳奇。比如的近律師行（Deacons）、巴馬丹拿建築公司（Palmer & Turner）及李柯倫治建築公司（Leigh & Orange）皆為其中的表表者。[9]

的近律師行的創辦人是必列者士（William Bridges），他於1851年來港，初時先後擔任署理首席檢察官及按察司。他主張把娼妓及賭博合法化。1857年他署任輔政司，並擔任行政局及立法局議員，權傾朝野，與惡名昭著的時任華民政務司的高和爾（Richard Caldwell）關係密切。他捲入不少醜聞，於1861年離港返英。必列者士除了是政府高官外，還在皇后大道中開設了私人律師行，他是本港第二位執業律師。他的廣告上寫有「英國進士未士必列者士狀師權理各衙大小案情」字樣。1880年，域陀·的近（Victor Deacon）來港執業，律師行易名為 Wotton &

Deacon。其後隨着合夥人的改變數易其名。直至 1924 年定名為 Deacons（的近律師行），行址從大道中搬到雪廠街，再搬到太子行，直至戰後才再遷他處。它到今天仍是本港首屈一指的律師行。尤其難得的是，其檔案至今尚存。

巴馬丹拿是現存香港歷史最悠久的建築商，創辦人威廉·薩爾維（William Salway）於 1868 年在香港創業。三年後，他邀得時為政府總測量師的威爾遜（W. Wilson）合夥，興建了德國會所（1872）及渣打銀行（1878）。1880 年原任職政府測量師的戈弗雷·伯德（Godfrey Bird）加盟，實力更為壯大。1883 年克萊門特·巴馬（Clement Palmer）入股公司。翌年結構工程師亞瑟·丹拿亦加入，兩人逐漸成為公司最大的合夥人。1890 年公司乃定名為巴馬丹拿（Palmer & Turner），並於 1892 年獲委興建總督府的新翼。在歐戰結束後，巴馬丹拿在上海大展鴻圖，先後興建了位於外灘地標性的和平飯店及滙豐銀行（1923）。1935 年，香港的滙豐銀行落成，是當時亞洲最先進的建築。自創立以來，巴馬丹拿在香港興建了大量樓宇（包括東華三院的多幢建築），百多年以來它與香港的發展息息相關。

李柯倫治建築公司（Leigh & Orange，即現今利安顧問有限公司）原名 Sharp & Danby，創立於 1874 年。合夥人是地產投資商人格蘭維爾·夏普（Granville Sharp），及來港不久、任職於總量地官署的建築師威廉·丹比（William Danby）。由夏普提供土地，何種建築由丹比決定。1880 年夏普引退，羅拔·李（Robert Leigh）及詹姆士·柯倫治（James Orange）先後於 1882 及 1890 年加入。1894 年丹比退出，公司乃定名為李柯倫治，至今不變。在 1890 年代，在遮打爵士的推動下，中環進行了大規模的填海工程，因該公司與遮打關係密切，故此在新填地上矗立起來的皇后行（1899）、太子行（1904）、聖佐治行都是該公司興建的。它還興建了不少碼頭和倉庫。L & O 在香港的代表建築還有奧莉亞猶太廟（1901）、遮打的雲石堂（1901）、聖安德魯教堂（1906）、中華基督教青年會、港大的本部大樓（1912）和馮平山圖書館（1932）等。

從上述例子可見，在香港開埠後一些英國專業人士來港找尋工作機會，或先任職政府。若干年後，熟習了香港的環境，便與業界同寅另起爐灶，自行創業。有個別建立輝煌事業的，而以失敗告終、提早買棹返鄉的為數應更多。

## 香港政府與英籍官員

香港政府的運作，由總督領導，港督聯同行政局制定政策，立法局審議撥款，具體工作，則由公務員系統實際執行。開埠之初，港府架構組織比較簡單，除總督外，它的組成計包括副總督、輔政司、副輔政司、庫務司、首席按察司、總登記官、醫務監督、總巡理府、助理巡理府、船政官、土木工程師、田土官、助理測量官和建築物監督等。[10]

隨着香港的發展、疆界的拓展及人口的增加，事務愈來愈繁多，分工也愈來愈細，政府必須增加新部門或改組原有部門以應付日益繁重的工作。據 1904 年《公務員名冊》的記錄，計有律政司署、輔政司署、國家律師署、按察司署、查數官署、監獄署、海關監督署、教育司署、

港督的山頂別墅因日久失修而被廢置，1934 年港督貝璐改在粉嶺金錢村另建別墅，設有可豢養三匹馬的馬房，還擁有逾六英畝的曠野，供主人打獵遣興，從此幀攝於 1935 年的照片所見，港督貝璐策馬帶同狗隻打獵，如同置身英倫本土一樣。（高添強提供）

田土廳、巡理府、總登記官署、釐印局、天文台、總緝捕署、驛務司署、船政廳、工務司署、水務司署、潔淨醫師署、園莊事務署和估價官署等部門。其後，又陸續增加了消防署、九廣車路局、新界理民府、差餉物業管理署、勞工署、財政司、政府物料供應署、人民入境事務署及總會計署等。

　　隨着新部門的增加，政府公務員的數目也與時俱增。1901 年政府各級公務員合共 715 人，到 1939 年增為 10,004 人，25 年間增加了 14 倍。戰前，公務員體制內英國人所佔數目相當多。開埠之初，德庇時來港履新，還有一班人跟隨他來擔任新開設的職位。查在 1914 年，外籍公務員有 515 名，佔公務員總人數 11.6%。至 1939 年有 889 名，比率為 9%，其中除去少量葡裔文員及印裔警察外都是英國人。不單各部門之首長均從英國委派，即部門的核心成員，甚至如警隊的督察、衛生局的幫辦、工務局的管工以至各部門的文員均由英國招聘。

法定語文是英文，港府內部全以英文溝通，在華人未掌握英文前，政府內部基本由英人組成。在戰前的公務員體制裏，種族歧視十分普遍，同一職位，英人的薪津和服務條件遠比華人優厚。在 1914 年，一名歐籍警察的一年薪酬是 1,000 英鎊，而印籍或華裔警察每年只有 150 元。據邁樂文教授指出，部門首長都喜歡聘用歐籍僱員，認為他們較忠誠可靠，較廉潔，辦事效率較高，所以香港的英國人中有相當部份是公務員。[11]

## 英籍基督教傳教士與事工

除了商人和公務員外，香港還有一些從英國來港傳道的基督教傳教士，若論人數遠不如上述兩類，但論影響之深遠則有過之而無不及。眾所周知，倫敦會的馬禮遜在 1807 年抵達澳門，是首個把基督新教（以區別於天主教）傳到中國來的傳教士，[12] 故倫敦會是西方差會中最早來華傳道的一個。[13] 第一位在香港工作的倫敦會傳教士是合信醫生。1842 年末他從澳門來到香港，未幾便獲港府批給摩利臣山地（正是以馬禮遜命名）興建醫院，並藉此傳教。

翌年，理雅各（James Legge）等人把馬禮遜早年在馬六甲建立的英華書院遷到香港來，先購入港島 98 號地段

（士丹頓街與伊利近街交界處）成立倫敦會在香港的總部，內設書院、學生宿舍、傳教士宿舍及印刷所。同時又購入下市場（lower bazaar，即文咸街一帶）第 191 號地段，建立第一所以華人為宣教對象的教堂。另外，更買下差會大樓旁地，通過向西人募捐，興建了愉寧堂（Union Chapel）供歐洲及華人信眾使用。倫敦會還在黃泥涌、赤柱及燈籠洲設立佈道所，奠下了在香港的根基。

隨着愉寧堂華人信眾的增加，華人會友與歐籍信徒之間漸生齟齬。及至 1886 年，華人教會團體購得荷李活道地成立道濟會堂，特聘王煜初牧師為主任，華人自理乃邁進一大步。及後信眾日多，原有堂址不敷應用，乃於 1922 年搬往般含道，合一堂於 1926 年啟用。

倫敦會對香港的教育、醫療、印刷、中西文化交流均有深遠的影響，英華書院（1843-1858；1914）及英華女校（1900）百多年來，作育英才無數。由馬禮遜教育會（Morrison Education Society）創辦的學校於 1843 年遷港後在摩利臣山設校舍，在校長勃朗牧師的指導下雖然只運作了不足十年，卻培育了容閎、黃勝、黃寬、唐廷樞昆仲等雙語菁英，在晚清中港兩地作出巨大貢獻。[14]

英華書院的印刷所除了印刷聖經及傳道小冊子外，還從 1853 年 8 月至 1856 年 5 月每月印刷發行，由傳教士編撰，馬禮遜教育會資助的中英文對照的報刊《遐邇貫珍》，每月刊行 3,000 本，遠行各省。每期的內容除有中外時事及市場行情報導外，還有西方文化、歷史、地理、政治制度、風土人情及科學技術的介紹，是當時中國及日本的知識分子認識西方的重要媒介，影響深遠。[15] 長期在英華書院主持印刷所工作的黃勝，更有近代中文報業先驅的美譽，《香港中外新報》、《華字日報》皆為其所創辦。

倫敦會來港的英籍傳教士中，不少為學富五車的學者，如理雅各留港 30 年。[16] 在王韜的協助下翻譯了《四書》、《五經》、《莊子》、《道德經》等經典著作，晚年任牛津大學首位漢學教授，是英國首屈一指的漢學家，他對中西文化交流有巨大貢獻。另外，他雖然身為神職人員，卻是世俗教育的積極推動者。在 1860 年他擔任港府成立的教育諮詢委員會委員，提出教育改革計劃，主張教育應由政府主導，又建議成立中央書院，培育華人學生。從此，

聖約翰座堂是香港聖公會（英國國教）的主教座堂，落成於 1849 年，是本港現存最早的教堂建築，採用 13 世紀英國歌德式建築風格設計，坐落於政府山東麓，毗鄰政府合署及前港督府，標誌着政、教的密切關係。（筆者拍攝）

香港教育事業的重點由宗教教育轉向世俗教育，理雅各居功至偉。

緊接着倫敦會遣派教士來港，並立足此地的是聖公會。[17] 聖公會是英國的國教，與政府的關係十分密切，受了洗的英國人大都是聖公會的會眾。《南京條約》簽訂後翌年，也就是香港政府成立之年，史丹頓（Vincent Stanton）被派來港任殖民地牧師（Colonial Chaplain），負責籌建教區，歷盡艱辛，籌建了供英籍官員及商人主日崇拜和舉行各種儀式的教堂——聖約翰座堂，還有一所為華人而設的學校——聖保羅書院。維多利亞教區（Diocese of Victoria，涵蓋中國及日本）乃告成立。

1849 年母會遣派施美夫（George Smith）來港主持教務，出任首任教區主教。其後繼任主教一職的還有柯爾福（R. C. Alford）、包爾騰（John Burdon）、霍約瑟（Joseph Hoare）、倫義華（Gerard Lander）、杜培義（C. R. Duppuy）及何明華主教（Ronald Hall）。而從 1862 年派司徒靈芝（Thomas Stringer）來港任聖公會傳道會首位駐港傳教士後，陸續來港的英籍傳教士還有華連（Charles Warren）、皮柏（John Piper）、赫真信（Arthur Hutchinson）、戴衛士（E. Davys）、何約翰（John Brown Ost）、文明理（G. A. Bunbury）、白烈士（Eurnest Barnett）和蘭哲（C. I. Blanchett）等牧師。

1871 年聖公會在西環成立了為海員服務的聖彼德堂，1883 年在山頂設立山頂堂。十九世紀晚期，陸續有一些英國人搬到九龍居住，尤以尖沙咀比較集中。大家覺得需在九龍設立教堂，經多番籌措，終獲遮打爵士捐款 35,000

聖保羅書院是在香港創辦的第一間英文書院，聖公會在香港開埠後便馬上積極籌辦一所學校，經多年努力，學校在 1849 年開課，但校舍在 1851 年才落成，校址在政府山西麓（戰後才遷到現址），該校早年的畢業生包括伍廷芳及楊衢雲。(Jonathan Wattis 提供)

元，興建了聖安德魯堂，1906年啟用。從1860年代開始，在本地向華人開展傳教工作。1866年聖士提反堂成立，為首間華人教會，其後成立的有九龍城的聖三一堂（1890）、旺角的諸聖堂（1891）及港島東區的聖馬利亞堂（1911）。

聖公會在香港的事功中，以教育方面的貢獻最大。[18] 計在戰前成立的學校有多間，包括聖保羅書院（1851）、拔萃女書院（1860）、拔萃男書院（1869）、聖士提反男校（1903）、聖士提反女校（1906）、聖保羅男女中學（1915）、協恩中學等。聖保羅書院是在香港創立最早的英文書院，早年成立的拔萃女校和拔萃男校均從孤兒院發展過來，情況與天主教的聖心書院和聖保祿書院相似。而聖士提反男、女校則是由香港第一代菁英主催下，完全按英國著名私校的辦學理念和模式辦學，為培育華人菁英的下一代而設立的貴族學校。聖保羅男女中學起初是一所女校，後轉變為男女中學。這幾間學校在過去百多年培育了大量英才。其中如聖保羅書院的伍廷芳、楊衢雲、王寵惠、貝聿銘，拔萃男校的關祖堯、簡悅強、李樹芬，聖士提反的傅秉常、鄧肇堅等或為近代中國知名人士，或曾活躍於香港政壇，或為舉世知名的專家，均為英國聖公會在港辦學取得豐碩成果的產物。

## 消閒娛樂與生活

西人酷愛社交及體育活動，故會所是他們日常生活中不可或缺的一部份。英國人離鄉別井來到萬里之遙的香港，加入會所既可以延續原來的生活方式，又可結識朋友，建立人際網絡，有助於儘快適應新居地的陌生環境，有利於個人在香港的發展。英國人在香港成立了多個會所，[19] 種類各異。有純屬上流社會社交型的如香港會（Hong Kong Club），與運動俱樂部，如香港木球會（Hong Kong Cricket Club）、香港遊艇會（Royal Hong Kong Yacht Club）、香港賽馬會（Hong Kong Jockey Club）、香港足球會（Hong Kong Football Club）。[20] 有局限於某地區居民的如山頂會（Peak Club），也有學術性的如皇家亞洲學會香港分會（Royal Asiatic Society, Hong Kong Branch）；此外還有一個充滿神秘色彩的共濟會（Freemasons）。

香港會是 1846 年由八個居港英商成立的，百多年來是香港最高級、殖民地色彩最濃厚的會所。創立時是各大商行大班聚會聯誼之地，入會資格十分嚴格，不單局限於歐籍人士，其中級文員或軍部人員也被拒於門外。早年會所位於大道中與雲咸街交界處，1897 年搬到中區新填地，面朝皇后像廣場，與高等法院只有一街之隔，地位顯赫，氣派不凡。新大樓高三層，除了住宿及餐飲設施外，還有保齡球道、圖書館、桌球枱等，備極豪華。香港會會員是地位象徵，該會直至戰後 1960 年代中期才接納華人入會，是本港最遲接受華人會員的高級會所。

木球是英國的國技，英國人移居萬里之遙的殖民地也不忘打木球，香港當然不例外。1851 年，一班英國人籌組了香港木球會，主其事的是必列者士。會址設於美利操場對面，後來興建的高等法院背面。會所設於球場的西北角，起初是一個草棚，後來是磚屋。1893 年擴建，直至1923 改建成設備更完善的新會。木球會位於市中心，地皮價值連城，直至 1975 年政府收回土地，乃搬往黃泥涌峽。木球會與香港會毗鄰，關係也密切。據知年屆 30 歲的木球會會員可獲推薦入香港會，可知兩會會員有部份重疊。除了香港木球會外，後來成立的還有紀利華木球會及九龍木球會等。

在香港芸芸的體育會中，論雅俗共賞首推賽馬。英國人酷愛賽馬運動，眾所周知。開埠初年，英國人周末往澳門賽馬，後來改在黃泥涌的平地進行。1884 年賽馬會成立，賽馬運動初上軌道，當時每年只在春節前後進行賽馬，是西人上流社會一大盛事。在遮打領導下，賽馬會取得很大發展，會員包括主要官員、銀行及洋行大班，騎師均為西人客串。1914 年馬會修訂會章，可以從事商業及慈善活動。1927 年開始接受華人會員，1931 年興建了兩座三層高的看台，同時一些俄籍練馬師移居香港，提升了馬匹的豢養和操練水平。直至淪陷，賽馬已成為最受歡迎的活動。馬會會員是地位象徵，不單歐西人士，連富裕的華人也趨之若鶩。

在 1880 年代，華人逐漸從上環擴展至中環，西人遷到半山一帶，部份更索性搬上山頂居住。在 1888 年纜車通行後，山頂逐漸開發。1893 年，滙豐銀行大班譚馬士‧昃臣（Thomas Jackson）偕同一些居住山頂的西人成立了山頂會（The Peak Club）。眾所周知，根據政府在 1904 年通過的條例，山頂是西人的天下，故山頂會的會員全屬歐美人士。山頂會曾借用港督別墅作會址，後來在賓吉道自購物業。至 1941 年日軍侵港，會所停止運作，戰後再沒有恢復。1934 年成立的九龍塘會也是性質相近的會所，由居於

英國人喜愛打高爾夫球，在香港，起初他們在跑馬地打球，1898 年獲租深水灣山谷，闢作球場，1916 年更搬到新界粉嶺。最初高爾夫球是男性的運動，後來成為男女皆宜的運動。（Jonathan Wattis 提供）

該區的華洋住客組成,作用是聯誼和為住客提供一個運動場地。

隨着英國在亞洲的領土擴張,英國人對亞洲的自然科學、歷史文化及風土人物的興趣日增。1823 年,英國皇家亞洲學會在倫敦成立,其目的在鼓勵對亞洲的科技、文學、藝術有關課題的研究,是歐洲同性質學會的第一個。隨着英國人足跡所至,在其殖民地,如馬來亞、孟買、加爾各答以及通商口岸,如暹邏、韓國及上海等地均先後成立分會。香港分會成立於 1847 年。[21] 其成立可追溯到 1845 年創立的醫藥及外科學會(Medical and Chirurgical Society)。該學會擬成立一個哲學學會(Philosophy Society),《孖剌西報》編輯蕭特里奇(Andrew Shortrede)按照英國皇家亞洲學會的會則成立了亞洲學會,並邀請時任總督的德庇時(Sir John Francis Davis)出任會長。

德庇時是英國皇家亞洲學會的創會會員,乃向英國方面提出把新成立的學會作為分會,取得同意,英國皇家亞洲學會香港分會乃告成立。德庇時擔任會長,直至 1859 年解散,歷任會長均由港督出任。創會時的主要會員包括駐港英軍司令德己立(D'Aguliar)、醫務總監楊格(Peter Young)、德庇時的私人秘書孖沙(William Mercer,其後出任財政司及輔政司)、著名的漢學家韋德(Thomas Wade,即韋氏拼音法的創始者)等。其時以自然歷史、地質、生物及文學為主要探研目標。德庇時積極推動成立一個植物公園,終在寶靈任內落成。從 1849 至 1859 年該會共出版了六期的學報。到 1859 年隨着寶靈的離任及義務秘書哈蘭醫生(Dr. A. Harland)的遽爾離世,該會宣告解散,直至百年後的 1959 年才重新成立。

　　共濟會是一個起源於中世紀歐洲，具有宗教特點的兄弟秘密會社。[22] 現代共濟會則出現於十八世紀英國，宣揚博愛慈善精神。隨着英國人來華貿易，先後在沿海商埠設立分支，香港最早成立的支部是 1845 年成立的皇家薩塞克斯廬（Royal Sussex Lodge）。該廬的會員有一半是在廣州的英商，故在 1848 年遷往廣州。第二次鴉片戰爭期間，廣州十三行商館區被焚毀，該組織又遷回香港，但不久解散。

　　1846 年居港英人另組成泄蘭廬（Zetland Lodge），會所設於雪廠街與泄蘭街交界處，由港府總規劃師急庇利設計。1864 年，共濟會會員日多，乃增設一維多利亞廬（Victoria Lodge）。翌年，雍仁會館落成。當時共濟會的會員以官員及商人佔多數，著名的包括曾任財政司及輔政司的孖沙、警務處處長昆因（T. R. T. Quinn）、華民政務司高和爾（G. R. Caldwell）、港督麥當奴（R. G. MacDonell）、

位於堅尼地道一號的共濟會會所是共濟會在港的第二所會所，原會所位於中環泄蘭街，毀於日佔時期，1949 年共濟會購入堅尼地道纜車軌東側地皮，並委聘利安建築公司設計新會所，至今仍是香港共濟會的總部所在。（筆者拍攝）

夏喬士・羅便臣（H. Robinson）和卜力（H. A. Blake），以及殷商遮打與怡和、太古、天祥、瓊記、仁記、連卡佛等大商行的大班。據知立法局議員、大律師何啟及有利銀行買辦韋玉也是共濟會會員，他們可能是本港首批華裔共濟會會員，該會在本港政經界的影響力不容忽視。

加入會所是一種生活方式，英國人可以同時按自己的興趣和專長，同時擁有多個會所會籍，既是社會地位的象徵，也有助於擴濶自己的人脈網絡，對於商人或專業人士來說尤其重要。

英國佔領香港後須馬上覓地興築墳場，埋葬死去的英人。[23] 灣仔對上山坡被選為首個墳場所在地。不旋踵，墳地不敷使用，乃在 1845 年改於黃泥涌谷西側闢設墳場，前稱基督教墳場或殖民地墳場，今名香港墳場。起初由殖民地牧師（Colonial Chaplain）掌管，管理費用從教會欄目中支出。及至 1909 年，修訂《基督教墳場》條例，把邊緣地區劃分為非基督徒下葬區，其餘部份由聖公會主教祝聖，劃作基督徒墓葬區。聶斯脫利教派、阿美尼亞教派、東正教及信奉天主教的共濟會會員均可下葬此區。

埋葬在香港墳場的人包括英軍，即兩次鴉片戰爭的戰死者及在港死去的駐港英軍；傳教士，包括郭士立、韓山明、何顯理（Henrietta Hall Shuck）、羅存德夫人（Alwine Lobscheid）、理雅各夫人（Mary Isabella Legge）、湛約翰（John Chalmers）；政府官員高和爾、哈蘭醫生、威林・馬禮遜醫生（William Morrison）、楊格醫生（Peter Young）、史釗域等，說明當時行醫風險極高；富商如遮打、賴理（Phineas Ryrie，端納洋行大班，當了 26 年立法

香港墳場原稱殖民地墳場，是香港甫開埠便闢設的
墳場，仿照其時在歐洲出現不久的花園式墳場規
建，花木扶疏，環境清幽，是島上一片綠洲，其內
安葬了無數大名鼎鼎的中西人士。（高添強提供）

局議員）、羅拔‧休恩（Robert Shewan，新旗昌洋行創辦人）、夏普（霎）（Granville Sharp，大地產商，今霎東、霎西街即以其姓命名）及何東等。

正如對該墳場有深入研究的 Patricia Lim 指出，仔細審視墳場所葬的人，高官並不多（公務員中以警隊人員最多，部份是殉職者），商人中也沒有最顯赫的怡和、寶順、太古、天祥等洋行的大班或高級職員，反映了這些人大多沒有選擇在香港終老，早已告老歸田，這跟人口普查的結果完全一致。墳場所安葬的人還有少量美國人、德國人、俄羅斯人及華人，有些是海員，也有是客死異鄉的商人或專業人士。

從生到死，由所從事的職業、居住的地區、宗教生活、社交圈子以至運動與消閒方式，戰前寓居香港的英國人與本地華人是幾乎完全隔絕。在十九世紀彼此間的交流不多，除了極少數華人外（何啟是典型例子），華人英國化的並不多，正是這個緣故。但從二十世紀始，隨着英文教育漸趨普及，在英國商行任職的華人漸多，尤以洋行多聘有華人買辦，部份華人逐漸濡染了英國人的生活習尚，在衣、食、住、行上皆以英化為時尚。[24]

## 註釋

1　Stanley to Pottinger, 3 June, 1843, 8: CO 129/3.

2　*Report on the Census of the Colony of Hong Kong*, 1862, 1871, 1881, 1891, 1897, 1901, 1911, 1921.

3　香港大學成立於 1911 年，在 1912 年 9 月開課，其戰前的教職員十居其八九是英國人，大都居住於薄扶林附近。關於港大早年歷史詳見 Peter Cunich, *A History of the University of Hong Kong*, *Vol 1, 1911-1945* (Hong Kong: Hong Kong University Press, 2012)。

4  關於怡和洋行的起源及威廉‧渣甸遊說英國國會支持向華動武詳情可參考 Alain Le Pichon, *China Trade and Empire: Jardine, Matheson & Co. and the Origins of British Rule* (New York: Oxford University Press, 2006)。

5  有關香港的英國商人可參閱 Solomon Bard, *Traders of Hong Kong: Some Foreign Merchant Houses, 1841-1899* (Hong Kong: Urban Council, 1993); Arnold Wright, *Twentieth Century Impressions of Hong Kong: History, People, Commerce, Industries, and Resources* (Singapore: Graham Brash, 1990, Reprinted)。從開埠之初到戰後初期英國商人在港發展的一個概括總結可見 "Old Timer" and "The British Traders and Hong Kong," in J. M. Braga (comp), *Hong Kong Business Symposium: A Compilation of Authoritative Views on the Administration* (Hong Kong: South China Morning Post, 1957)。仁記洋行詳見 T. Dow, "Gibb, Livingston & Co., Ltd," *Hong Kong Business Symposium*, p. 431。天祥洋行見 G. M. Dodwell, "The House of Heavenly Prosperity," *Hong Kong Business Symposium*, p. 417。太古洋行見 Charles Drage, *Taikoo* (London: Constable & Co., Commerce and Resources of Britain's Far Eastern Outpost, 1970)。新沙宜洋行 "Shewan Tomes & Co., Ltd," *Hong Kong Business Symposium*, p.499。香港上海滙豐銀行見 Frank H. H. King, *The History of the Hongkong and Shanghai Banking Corporation*, Four Volumes (Cambridge: Cambridge University Press, 1987)；劉詩平：《金融帝國：滙豐》（香港：三聯書店，2009）。

6  道格拉斯堡的業權在 1894 年轉到巴黎外方傳教會手中，被改建成為靜修及印刷所，與隔鄰的伯大尼療養院隔路相對。詳見 Alain Le Pichon 據巴黎外方傳教會檔案寫成的 *Bethanie and Nazareth: French Secrets from a British Colony* (Hong Kong: The Hong Kong Academy for Performing Art, Hong Kong University Press, 2010)。

7  港府與英商及華人的錯綜複雜關係詳見丁新豹：〈歷史的轉折：殖民體系的建立和演進〉，載王賡武編，《香港史新編》上冊（香港：三聯書店，1997），頁 59-130。

8  戰前香港英商在行政立法兩局中常佔一席，詳見 G. B. Endacott, *Government and People in Hong Kong 1841-1962* (Hong Kong: Hong Kong University Press, 1964)。

9  Deacons, *Deacons, Celebrating 155 Years of Legal Service* (Hong Kong: Deacons, 2006); P & T Group, *P&T Group, 130 Years Architect in Asia* (Hong Kong: Pace Publishing Ltd., 1998); Leigh & Orange, *L & O Architects* (Hong Kong: Leigh & Orange, 2006).

10  香港政府架構詳見丁新豹：〈歷史的轉折：殖民體系的建立與演進〉，頁

59-130。

11 有關殖民政府早年的管治政策及種族歧視，詳見 Norman Miners, *Hong Kong under Imperial Rule* (Hong Kong: Oxford University Press, 1987) 及前引 *Edge of Empires* 一書。

12 馬禮遜的來華與傳教詳見蘇精：《中國，開門：馬禮遜及相關人物研究》（香港：基督教中國宗教文化研究社，2005）。

13 倫敦會可參閱劉粵聲：《香港基督教會史》（香港：香港浸信教會，1996）；劉紹麟：《中華基督教合一堂史：從一八四三建基至現代》（香港：中華基督教合一堂，2003）；李志剛：《基督教與香港早期社會》（香港：三聯書店，2012）。

14 詳見 Carl T. Smith, *Chinese Christians, Elites, Middlemen, and the Church in Hong Kong* (Hong Kong: Oxford University Press, 1985).

15 松浦章等編著：《遐邇貫珍（附解題、索引）》（上海：上海辭書出版社，2005）。

16 理雅各之生平及貢獻見 Wong Man Kong, *James Legge, A Pioneer at Crossroads of East and West* (Hong Kong: Hong Kong Educational Publishing Co., 1996)。

17 聖公會可見 G. B. Endacott, *The Diocese of Victoria, Hong Kong: A Hundred Years of Church History* (Hong Kong: Kelly & Walsh, 1949); Stuart Wolfendale, *Imperial to International: A History of St John's Cathedral, Hong Kong* (Hong Kong: Hong Kong University Press, 2013)。

18 此等補助學校的簡史可參閱 Patricia P. K. Chiu, *A History of The Grant School Council: Missions, Vision and Transformation* (Hong Kong: Grant School Council, 2013)。有關戰前香港教育發展可參考 Anthony Sweeting, *Education in Hong Kong, Pre-1841 to 1941: Fact and Opinion* ( Hong Kong: Hong Kong University Press, 1989)。查聖士提反書院不在補助學校名單之內，它是在何啟、韋玉及劉鑄伯等華人菁英主催下，按當時英國的貴族私立學校的模式成立的。該校在英國登記，一直不受本港教育司署的監管，直至 1970 年才轉為補助學校。這在香港教育史上絕無僅有。該校保存了創校以來完整的學生登記冊及校務會議記錄，是研究香港私立學校發展的珍貴材料。

19 關於英國人在內地其他商埠的生活可參閱 Frances Wood, *No Dogs and not many Chinese: Treaty Port Life in China 1843-1943* (London: John Murray [Publishers] Limited, 1998)。此書引述了大量在各商埠生活過或遊歷過的英國人所留下的遊記、日記和書信等材料，對英人在商埠的生活模式有深入細緻的記述。

20 關於居港英人生活詳見 Susanna Hoe, *The Private Life of Old Hong Kong* (Hong

Kong: Oxford University Press, 1991)。香港木球會的源起與歷史發展可參閱 Spencer Robinson, *A History of the Hong Kong Cricket Club* (London: Centurion Books, 1989)。香港會見 A. D. Owen, *The Club: Special Commemorative Issue, 1897-1981* (Hong Kong: Club Publications, 1982)。香港賽馬會見 Austin Coates, *China Races* (Hong Kong: Oxford University Press, 1983)。

21 皇家亞洲學會香港分會的歷史見 James Hayes, "The Royal Asiatic Society, Hong Kong Branch," *Journal of the Hong Kong Branch of the Royal Asiatic Society* (hereafter called JHKBRAS), pp. 129-146。

22 共濟會在香港及亞洲的傳播發展見 Christopher Haffner, *The Craft in the East* (Hong Kong: District Grand Lodge of Hong Kong and the Far East, 1977)。

23 有關香港墳場的研究近年明顯增加,高添強的〈香港墳場發展史略〉簡要介紹了香港的墳場的早期發展,載張燦輝、梁美儀合編:《凝視死亡:死與人生的多元省思》(香港:中文大學出版社,2005);丁新豹:《人物與歷史:跑馬地香港墳場初探》(香港:香港當代文化中心,2008)。而有關香港墳場最系統而深入的研究首推 Patricia Lim, *Forgotten Souls: A Social History of the Hong Kong Cemetery* (Hong Kong: Hong Kong University Press, 2011)。

24 關於西人生活方式對華人的影響可參閱 John. M. Carrol, *Edge of Empires, Chinese Elites and British Colonials in Hong Kong* (Hong Kong: Hong Kong University Press, 2005)。

## 02

來自鄰埠的
葡萄牙人

在香港的外籍族群中，葡萄牙人是相當獨特的一個群體，在很多方面與眾不同。其一是部份葡人在香港甫開埠便隨即遷居香港，是最早移居香港的西方人；其二是他們的人口比其他外籍族群為多（十九世紀晚期人口才被英人超越）；其三是其他外籍人士須遠渡重洋、長途跋涉來到此地，而他們卻是來自與香港只有一水之隔的鄰埠澳門，還有他們也是外籍族群中最早落地生根的一群。算起來，部份家族已在香港生活了好幾代，他們在香港有自己的學校、會所、教堂和墳場。葡人對香港的貢獻也不少，天主教在香港的傳播及本地早期印刷業的發展均與葡人有千絲萬縷的關係。

## 香港葡人的由來

葡人是最早發現繞好望角東來印度的航路的，自 1557 年便獲准在澳門寓居從事貿易。[1] 在十六世紀晚期至十七世紀初曾以澳門為中心建立起一個日本、中國、馬來半島、印度和葡萄牙的龐大商業網絡，壟斷了東西海上貿易，獲利甚鉅。但在十七世紀中葉以後，荷蘭、西班牙人代之而起；未幾，英、法等國亦積極經營東方貿易。從十七世紀末，西方國家紛紛到廣州進行貿易。按照清廷規定，外商不准在廣州過冬，外籍婦女不得上廣州。故此，澳門成為外商安頓家小之地。而在當年的廣州貿易中，葡語是溝通的主要語言，[2] 大量葡人投身通譯工作，並在外國洋行中任職。在十八世紀至十九世紀，鴉片戰爭爆發前澳門的葡人曾有過一段繁榮日子。但香港開埠後，澳門的商業一落千丈，部份葡人眼見香港發展前景好，乃舉家遷港。

少量葡人在香港開埠初年便移居香港，其後又有一波比較大的移居香港潮。在 1849 年葡督亞馬留（Amaral）欲效法英人強佔香港之做法，驅趕駐澳中國官員，更夷平關閘一帶之華人墳地，被華人狙擊而死，澳門陷入一片恐慌之中。部份葡人見澳門前景不明，乃移居香港。[3] 據 1853 年的人口登記記錄，葡人有 459 名。[4] 在人口統計報告中，葡人與其他西方人是區分開來的，因為在英國人眼中，葡人是另類西方人，華民政務司布魯賢曾就此作出過解釋：「葡人與其他歐洲人有明顯區別，故應從其他歐人區分開來。香港的葡人是一個在熱帶地區定居下來並已完全適應並融入當地環境的歐洲社群。」[5] 1921 年的人口統計表指出：「葡人操一種特別的方言，它糅合了葡語、馬來語、日本語、粵語及興都斯坦語，正反映了這個族群的來源，他們很少與其他族群通婚。」

# 居港葡人人口之增減

　　1874 年澳門受到特大颱風襲擊，死亡枕藉，造成嚴重破壞，引發另一波移居香港潮。根據人口統計數字，1876 年香港葡人人口為 1,718 名，比 1853 年增加了 4 倍。值得注意的是，人口中有孩童 813 名，幾乎是成年男女的總和，這與其他外籍族群男性遠比女性為多，而孩童數目不多的情況迥然不同。人口中男女數目相若，加上孩童特多，反映了葡人是舉家遷港的，也可能是他們在香港安頓下來，生活轉趨穩定後，便積極生育。1891 年葡人人口增為 2,089 人，比 1881 年增加了 11.77%，但孩童數目只有 205 名，明顯減少了。人口統計報告特別指出這個現象，並作出解釋：「葡人在香港就業出現困難，一些原來多由葡人擔任的職位，現在已被英國人及其他國籍人士取去，任職於歐洲人開設的洋行的葡人大為減少，因此生育亦告減少。」

　　1901 年葡人人口為 1,948 名，比前有所減少，這正是生育減少所造成。人口統計報告指出：「葡人大部份來自澳門，只有 10 人生於葡萄牙，其中逾半是在香港出生，但只有少數人入籍英國。」1911 年葡人人口有 2,558 人，該年的人口統計報告特別指出，葡人已婚男子比未婚男子多，而葡人中的寡婦比英國及歐洲人多兩倍。在 235 個葡裔家庭中，平均生 3.9 名孩童，每段婚姻的平均延續期是 13.56 年；而一般英人是 1.89 名及 9.25 年。葡人人口到 1931 年，也就是戰前最後一次人口統計是 3,198 人。

　　據政府記錄，葡人在十九世紀晚期主要居於中環對上的堅道、些利街、雲咸街、奧卑利街、卑利街、伊利近街、囉囉廟街、贊善里、列拿士地台一帶，這裏距離第一及第二間天主教聖母無原罪總堂都不遠。在 1910 年代，因內地政局動盪不安，大量富有華人家族移居香港，造成港島中環房屋租金大漲，部份葡人家族賣去中環之物業，遷往九龍尖沙咀的柯士甸道、加連威老道、亞士厘道、諾士佛台、金巴利道一帶。1911 年的人口統計顯示共有 490 名葡人居於九龍界限街以南地區。從 1901 至 1906 這地區的葡人人口增長了 273%，可知這是葡人移居九龍的高峰期。從 1930 年代起港島新發展起來的住宅區，包括港島的跑馬地（黃泥涌道、景光街和山村道等）、九龍的何文田（自由道、勝利道和太平道等）及九龍塘（森麻實道和約克道等），均居住了一些葡人。

九龍塘開發為花園洋房區，葡人布拉架是主要發起人及推動者之一，故有一些富有的葡裔人士在此買地建洋房，圖中的葡裔婦女正在其洋房的花園裏悠閒地享受下午茶。(高添強提供)

## 香港的葡裔商人與家族

布拉架是九龍塘花園城市計劃的牽頭人之一,少數葡人更入住環境幽靜的嘉多利山,該區的布拉架街(Braga Circuit)及何文田的梭椏道(Soares Avenue)、棗利亞道(Julia Avenue)及艷馬道(Emma Avenue)都是以香港顯赫的葡人命名;其中後三者更是本人及妻女的名字。另外港島大潭水塘附近有一個中文名為野豬徑的山崗,外文逕以葡文 Boa Vista(美景)為名,葡人與香港地區開發息息相關,於此可見。

從澳門遷港的芸芸葡人家族中,以李安納度・卡斯特羅(Leonardo e Castro)兄弟為最早。[6] 他和其弟約瑟(Jose Maria)均在設於澳門的英國駐華商務總監辦事處當文員。香港開埠後,該辦事處也就順理成章地遷到香港來,兄弟二人任行政局及立法局的正、副文書主任;其後,先後擢升為布政司署總文書主任,在總督寶寧任內,英廷曾有意擢升李安納度為布政司,但因總督以其葡裔背景有所保留而胎死腹中,不過其工作能力及受器重程度,可見一斑。卡斯特羅家族在香港落地生根,尤以約瑟子孫繁衍更為突出,他的後代多在法律界發展,不少為行業中的翹楚人物。其中一名孫子李奧是執業大律師,1937 年獲委為立法局議員,他的弟弟是香港的 Assist Crown Solicitor。

另外一個隨英人遷港的是阿歷山大・格蘭・皮里,來港後任布政司署四等文書,並當馬來語、孟加拉語及葡語通譯;後調往警察總部,籍以澳門司警的協助,改組香港警隊。1855 年皮里獲擢升為副警務處長及總翻譯主任,數年後更擔任署理警務處長，但因他的葡裔背景，無法再上層樓。查在十九世紀後期，多個政府部門，包括布政司署、財政司、審計署、量地官署、高等法院、郵政署、醫務署、裁判司署、監獄署、海軍船塢以及英軍的若干部門均有葡人任職。[7]

港府成立之初，翻譯人才難求，英人諳中文或華人通曉英文的寥寥可數。葡人在澳門生活多時，與華人及南亞裔交往較多，不少能操流利的粵語，這正是他們的優勢所在。故無論是政府以及外資洋行，均樂於委聘葡人當文書及翻譯工作，但基於族裔之別，他們最終無法攀上領導高層。

葡人來港後從商的也不少，[8] 大部份在英美或巴斯人開設的洋行任職。在《香港的葡人》一書中羅列了相關名單。計在 1849 年，共有 35 人在 22 間商行任職，到 1861 年，則有 113 名葡人在 46 間商行工作；性質包括出入口貿易、銀行、航運、報社、會所等。其中包括渣打銀行、東方匯理銀行、寶順洋行、仁記洋行、怡和洋行、瓊記洋行、旗昌洋行、沙宣洋行、鐵行輪船公司及德忌利士船公司等。同時，部份葡人亦在香港創業。在 1861 年有 14 間葡人開設的商行，計有藥行、航運、梳打水、出入口貿易及印刷等行業。

開創於 1857 年的老沙路洋行（Rozario & Co.）位於雲咸街，從事於出口日用品往三藩市及檀香山的生意。老老沙路離世後由其子繼承父業，其後被拉里亞接管。佐治洋行（Jorge & Co.）是一間出入口貿易行，出口中國產品，尤以人參為大宗；入口則以疋頭為主，與歐美國家，尤其菲律賓及台灣合作為多。

巴利圖洋行創辦於 1895 年，從事釀酒及麵粉生意，寫字樓位於中環皇后行，巴利圖洋行的東主家住九龍塘，此幀照片為 1934 年聖誕節所拍的家庭照。（高添強提供）

　　告魯士·巴士圖洋行（Cruz, Basto & Co.）由告魯士、巴士圖及巴利圖三人創辦於 1904 年。洋行從澳洲進口麵粉及牛奶製品，也從事絲綢及檀香生意。另外梭亞雷斯洋行（Soares & Co.）在 1888 年創立，它包含了一些澳門資本，主要從事食米及中國商品出口往世界各大洲。巴利圖洋行（Barretto & Co.）於 1895 年創立，它利用 1905 至 1906 年華人抵制美國麵粉的時機，從澳洲輸入麵粉而獲利；它也是多間歐洲公司的中國代理，1907 年更開設皇家釀酒廠，從事啤酒生產。

　　在芸芸的商行中若論在該行業中可執牛耳的首推洛郎也印刷公司（Noronha & Co.）。它創立於 1844 年，是香港首間印刷公司，從 1859 年開始為政府印刷憲報及官方刊物，跨越三代人。最後被政府買入，成為政府印務局。在第一次世界大戰後香港的轉口港貿易有進一步發展，一些葡人亦把握機遇創業，比方 Botelho Brothers、J. M. da Rocha & Co.、Silva-Netto & Co.、De Sousa & Co.、J. M. Alves & Co.、Xavier Bro. Ltd. 等均於此時開業。部份顯赫的葡裔商人更獲大企業邀請出任董事要職。J‧J‧李美度士（J. J. Remedios）、J‧P‧布拉架（J. P. Braga）、C‧A‧羅沙（C. A. da Roza）及 J‧M‧艾維斯（J. M. Alves）等為表表者。

部份葡人是專業人士，例如山度士‧李美度士（Santos Remedios）是土木工程師，F‧X‧打孖打‧卡斯特羅（F. X. d'Almada e Castro）及 L‧打孖打‧卡斯特羅（L. d'Almada）是律師，A‧S‧高美斯（A. S. Gomes）、A‧D‧卡維奴（A. D. Carvalho）及 F‧M‧奧梳里奧（F. M. Ozorio）均為執業醫生，在其行業中均頗有名聲。

佐治‧福姆傑伊（Jorge Forjaz）花了多年時間編纂了一套三巨冊的《澳門人家族》（*Familias Macaenses*）。追本溯源，研究澳門葡人家族的歷史，這是認識過去二三世紀澳門葡人的家族世系極具參考價值的書籍。[9] 其中一位葡裔書評者直言其葡萄牙血統，混入了華人、日本人、德國人及菲律賓人的血統，這種現象在香港葡人家族中十分普遍。

該書羅列了大量葡人從澳門移居香港的資料，以曾當香港市政局主席、在六七十年代曾叱咤一時的沙利士（A de O Sales）而言，他是其家族的第六代，第二代在十九世紀初從里斯本移居澳門。其後的三、四代活躍於上海及廣州，其父約於 1930 年代在香港設立商行，奠下了該家族在香港的基礎。沙利士按自己的名字把商行改為 A de O Sales & Co.。
他熱心社會事務，公職極多，也是香港葡人社群的領袖。

又比如李美度士（Remedios）家族，可追溯的第一代
是澳門居民，生活於 1770 至 1841 年之間；第二代代表人
物約翰・李美度士（Joao Joaquim dos Remedios）1807 年誕
生於澳門，但 1878 年死於香港，葬在跑馬地天主教墳場。
他是該家族移居香港的第一代，設立了 J. J. dos Remedios &
Co.，從事船務生意，在薄扶林擁有大片土地（後售予牛奶
公司），是較早移居香港而取得成功的例子。此家族繁衍生
息，後代散佈世界各地。

此外，也有一些澳葡家族活躍於港澳之間。如顯赫的
羅保（Lobo）家族，第二代彼德・羅保（Pedro Jose Lobo）
在 1892 年生於帝汶，1965 年卒於香港。他一生的生意和
擔任的公職都在澳門，但 1920 年卻在尖沙咀玫瑰堂舉行婚
禮，最後死在香港。他的第三個兒子即羅保爵士（Rogerio
Hyndman Lobo），1923 年生於澳門，但中學卻就讀於九龍
的喇沙書院，可知其童年時已移居香港。他歸化英籍，出
任多項公職，更被委為行政局議員，獲封爵士，是葡澳家
族在香港獲得的最高榮譽。

著名的水彩畫家瑪西安諾・巴普蒂斯塔（Marciano
Antonio Baptista）的家族在十八世紀中葉已定居濠江。他
1826 年生於澳門，師承英國名畫家喬治・錢納利（George
Chinnery），畢生從事教學及藝術創作。曾先後在澳門、廣
州及香港活動，1896 年卒於香港堅道寓所，安息於跑馬地
天主教墳場。[10] 他先後執教於救主書院及維多利亞書院（皇
仁書院），是另一個從澳門移居香港發展的好例子。

## 消閒與會所

　　葡人在香港自成一族，他們在 1866 年成立了西洋會
所（Club Lusitano），是本港歷史最悠久的社團會所之一，
會員均為葡裔，以聯誼為宗旨，會所原設於些利街，後遷
到雪廠街。1922 年，新會所揭幕禮由澳督及港督司徒拔
（Sir Reginald Stubbs）主禮，盛況空前。在二戰前，該會
所的葡文圖書收藏（逾 4,000 冊），是遠東地區最具規模的
圖書珍藏之一。在十九世紀末至二十世紀初，葡人遷居九
龍者漸多，乃向港府申請批地在九龍京士柏成立另一個會
所 —— 西洋波會（Club Recreio）。這個場地開設於 1925
年，內有木球、網球、曲棍球及草地滾球場，是葡人聯誼
及進行各種球類運動的地方。居港葡人還成立了一個互助
會（Associacao Portuguesa de Soccorros Mutuos），會員每
月交納會費，籌集的基金用作賑濟及補助貧苦葡人之用，
還向入讀香港大學的葡人提供助學金。

　　按照傳統，葡人自嬰孩時已受洗為天主教徒，故遷港
葡人與香港天主教的發展息息相關。在 1843 年，本港共有
925 名天主教徒，其中 800 名為愛爾蘭兵，25 名來自澳門
的葡人；來自廣州及澳門的華人有 100 名。但到 1853 年，
香港的天主教人口中葡人佔 472 名，愛爾蘭兵有 500 名，
華人則有 480 名。六年後，葡人為 1,500 名，華人 600 名，
800 名來自馬尼拉等地；兵士為 300 人，葡人不單人數佔
多，而且是落地生根，成為早年本地天主教徒的主體。

位於京士柏的西洋波會開設於 1925 年，是本港葡裔人士聯誼及強身健體、進行各類運動的場所，此張拍攝於 1934 年的照片中可見一班朋友在閒話家常，享受一個悠閒的下午。（高添強提供）

## 葡人與天主教

　　在香港早年興建的天主堂，我們不難看到葡人的身影。[11] 位於威靈頓街的首間天主堂在籌建時，葡人是主要的捐助者。第二代聖母無原罪大堂選址鐵崗是因為附近是葡人聚居地，它的一個雲石祭台是葡人布拉架捐獻的。在十九世紀晚期，九龍逐漸開發，不少葡人從港島遷居尖沙咀，香港教區決定在該區設一教堂。興築玫瑰堂所需的大部份資金乃來自葡人安東尼奧・高美斯（Antonio Gomes）。1925 年落成的跑馬地聖瑪嘉烈教堂，它的聖龕門是葡人蘇沙（A. Sousa）捐獻的。

　　在 1920 年代，有三分之二的葡人已遷往九龍居住，部份居於嘉多利山；部份遷往新開發的花園城市 —— 九龍塘。隨着這一帶葡人增加，他們向教區建議興建一所新教堂以方便他們周日崇拜，取得首肯後便由布拉架牽頭進行籌款，聖德肋撒堂由是興建，這些教堂與葡人關係十分密切。除捐款興築教堂外，葡人還慷慨捐地給外來修會。最突出的例子，是卡斯特羅兄弟把堅道地皮捐給意大利的嘉諾撒仁愛女修會興建修院及學校。

　　香港天主教學校的開設及發展也與葡人有千絲萬縷的關係。[12] 葡人扶老攜幼遷居香港，他們的孩童均須上學。特別是在 1860 年代以後，出生率上升，適齡入學孩童日增，早年一些天主教學校的設立，與此有密切關係。無論是救主書院，還是日後的聖約瑟書院、聖心書院、聖保祿學校、喇沙書院，他們或原為葡人子弟而設，或早期的學生中有相當多的葡裔孩童，設有葡人班，直至 1960 年代仍有葡人子女就讀於上述學校，只是數目遠比戰前為少。

　　香港的葡人是一個很特別的族群，在英國人與華人缺乏溝通的十九世紀，他們扮演了華英之間的橋樑角色。但在年青一代華人接受了西式教育而崛起後，這個角色的重要性便日漸減退。到了戰後，這個角色便完全消失了。在華人眼中他們是西方人，但英國人卻視他們為早已融入熱

隨着香港葡裔人口增長，葡裔子女日增，高主教創辦了一所為歐裔兒童而設的學校，1865 年定名為救主書院，十年後易名為聖約瑟書院。起初，葡裔與華裔學生是分班而教的，到後來才合為一班。（筆者拍攝）

居港葡人有不少歸化為英籍，部份男子加入義勇軍，與英國同袍並肩作戰，在香港保衛戰中有 22 名葡裔義勇軍捐軀，有二百名被送往戰俘營。（高添強提供）

葡人大多信奉天主教，1849 年啟用的天主教墳場正是為他們而設，墳場內有不少葡裔家族的墓，往往有三至四代同葬於此。（筆者拍攝）

帶氣候的歐亞混種人；在政府機構，以及在歐美人士開設的大商行中，葡人的作用是輔助性的而非主導性的，社會地位比英國人及歐美人士低，但卻比華人略高。

香港的葡人一方面竭力保存本身的生活文化，又努力融入以英國人為主導的西人社會，其中一個宣示方法便是參軍。在第一次世界大戰中，有三兩葡人曾加入英軍參戰，還有一人捐軀。在 1940 年有不少葡人加入義勇軍及後備警隊，為港府效力。在 1941 年的香港保衛戰中，有 22 名葡裔的義勇軍戰死沙場；有 200 人被俘，與英國同袍一起監禁在集中營（葡萄牙管轄的澳門因葡國宣示中立而沒有被日本侵佔）。

作為一個在亞洲居留逾五百年的族群，葡人語言及生活文化的影響隨處可見。今天常用的英文中有很多與東方或亞洲有關的詞彙和地名，如 sampan、typhoon、coolie、amah、Canton 等，都是葡人採納了，然後英文從葡文借用的；也有如 compradore 和 praya 等詞彙乃吸納自葡文。天主教在本港的傳播處處可見葡人的影子，在娛樂界，不同類別的運動，特別是足球、草地滾球及賽馬，均有出色的葡人代表，而葡澳菜饌（葡國雞、馬介休魚、非洲雞、葡撻等），亦早已成為香港飲食文化的一部份。

## 註釋

1　有關葡人來華及早年在澳門的生活詳見 Charles Boxer, *Fidalgos in the Far East* (Michigan: University of Michigan, 1948)；Paul A. Van Dyke, *Merchants of Canton and Macao, Politics and Strategies in Eighteenth-Century Chinese Trade* (Hong Kong: Hong Kong University Press, 2011)；費成康：《澳門四百年》（上

海：上海人民出版社，1988）。

2　葡語是十三行時代廣州的溝通語言，見 Paul Van Dyke, *The Canton Trade: Life and Enterprise on the China Coast, 1700-1845* (Hong Kong: Hong Kong University Press, 2007), p. 37.

3　本文有關葡人遷港後的就業、發展及生活模式主要參考 Jose Pedro Braga, *The Portuguese in Hong Kong* 一書。2013 年 Barnabas H. M. Koo 就前書作出修訂補充，把書名改為 *The Portuguese in Hong Kong and China: Their Beginning, Settlement and Progress to 1949,* Volume 1 (Macau: Universidade De Macau & Instituto Internacional de Macau, 2013)。

4　本節有關本港葡人人口見各年之人口登記報告，*Report on the Census of the Colony of Hong Kong*。

5　關於香港葡人的來源、族屬、形成及發展可參閱李長森：《明清時期澳門土生族群的形成發展與變遷》（北京：中華書局，2007）。

6　卡斯特羅昆仲的生平見 Ruy Barretto, "Almada e Castro, Leonardo" 及 "d'Almada e Castro, Jose Maria," in May Holdsworth, and Christopher Munn, eds., *Dictionary of Hong Kong Biography* (Hong Kong: Hong Kong University Press, 2012), pp. 116-117。

7　*The Portuguese in Hong Kong and China*, pp.146-152.

8　本港葡裔商人活動見 Solomon Bard 及 Arnold Wright 之前引著作。另參閱 Eduardo M. S. Xavier, "The Portuguese in Business," in J. M. Braga, *Hong Kong Business Symposium: A Compilation of Authoritative Views on the Administration, Commerce and Resources of Britain's Far East Outpost* (Hong Kong: South China Morning Post Ltd., 1957), p. 302。

9　Jorge Forjaz, *Familias Macaenses* (Macau: Fundacao Oriente & Instituto Cultural De Macau, 1996)，共三巨冊。作者經多年工夫，從紛繁的檔案文書中整理出近 150 個本港葡人的家族史，包括生卒年月日、教育、就業、婚姻等資料，是研究香港葡裔家族的百科全書。

10　馬西安諾·巴普蒂斯塔的生平見 Liu Oi Yan, "Baptista, Marciano Antonio," *Dictionary of Hong Kong Biography*, p.17。J‧P‧布拉架的生平見 Gavin Ure, "Braga, Jose Pedro," *Dictionary of Hong Kong Biography*, pp. 45-46。

11　葡人大多信天主教，他們對戰前天主教在本港的傳播及發展息息相關。可參考田英傑：《香港天主教掌故》（香港：聖神研究中心暨聖神修院校外課程部，1983）。另外 J. P. Braga 的書亦有一節論述相關課題。

12　有關葡人與天主教學校的開設之關係，聖若瑟書院及喇沙書院是典型例子。可參閱 Mark Huang, *Sons of La Salle Everyone, A History of La Salle College and Primary School 1932-2007* (Hong Kong: La Salle College Old Boys' Association, 2008)。

03

法國人與天主教傳播

　　第二次世界大戰之前，本港的法籍人口一直偏低，總數不到三百人，可謂本書討論的歐洲族群中人口最少的之一（見附錄一）。究其原因，除部份使館人員外，[1] 在港的法國人大多數是天主教的神父和修女，分別來自巴黎外方傳教會（*Missions étrangères de Paris*, M. E. P - Society of the Foreign Missions in Paris）以及沙爾德聖保祿女修會（Sisters of St Paul de Chartres，亦稱為 The French Convent）。他們並不像其他外籍社群在香港開枝散葉，建立家族事業。這兩個修會的到來，標誌着十九世紀中葉法國天主教教會視香港為亞洲區傳教事業的樞紐，而沙爾德聖保祿女修會初期在香港的艱辛發展，更是法國和意大利對羅馬教廷控制的延伸。

## 巴黎外方傳教會

　　早在十七世紀，巴黎外方傳教會已開展海外傳教工作。1658 年成立的巴黎外方傳教會，在法國皇室的庇護下，[2] 隨即開展海外傳教工作，足跡遍佈中國（包括兩廣、貴州、四川、雲南、西藏）、印度、越南、柬埔寨、泰國、新加坡、馬來西亞、韓國、日本和香港等地，教會更積極參與中國的禮儀之爭。[3]

自從香港成為英國的殖民地，巴黎外方傳教會就在這小島設立司帳處（Procura），拓展東亞地區的傳教工作。鑑於葡萄牙政府的刁難，巴黎外方傳教會在 1847 年把司帳處由澳門遷往香港的士丹頓街。司帳處設有小教堂、圖書館、餐室以及臥室，為在遠東地區傳教的前線教士提供所需。

為使勞累、患病的傳教士有休養之所，巴黎外方傳教會於 1873 年在香港設立療養院 —— 伯大尼修院（Bethanie Sanatorium）。療養院的選址經過多番討論，最後奧塞神父

伯大尼療養院在 1975 年售予置地公司，教會把原安葬於伯大尼的 101 位巴黎外方傳教會教士的遺骸遷葬於柴灣天主教墳場。（筆者拍攝）

（Fr Pierre-Marie Osouf, 1829-1906）以三千元買下薄扶林一帶逾百萬平方米的土地，興建伯大尼修院，並於 1875 年落成使用。

伯大尼修院從營運者到收容的病人均是神父。有指修女比神父更細心照顧病人，於是在 1890 年代有建議讓同屬法國的沙爾德聖保祿女修會照顧患病的神父，但建議最後被教區否決。由 1875 至 1975 年，伯大尼修院共接待過 6,000 名傳教士，當中有 101 人在此處離世，長眠於離修院不遠的墓地。1975 年教會把修院賣予置地公司，這批在港殉職的傳教士便移葬到柴灣天主教墳場。[4]

如果伯大尼修院是醫治教士軀體的地方，納匝肋修院（Nazareth Seminary）就是照顧他們靈性之處。伯大尼修院完工後，教會着手籌建靈修院舍，最合適的地方，莫過於伯大尼附近的德格拉斯堡（Douglas Castle），即今天香港大學大學堂。惟當時業主——航運業巨子拉伯克（Douglas Lapraik, 1818-1869）——無意出售物業，教會於是在 1885 年買入離修院較遠的利牧苑（Claymore），即太古樓。[5] 利牧苑時期的納匝肋修院已設立印書館，印製多種語言的聖經和傳教刊物，為靈修的傳教士提供實務之餘，又可為亞洲區傳教的同工供應聖經和相關書刊。

未幾，納匝肋修院被迫搬離利牧苑，幾經折騰最終落戶於德格拉斯堡。1891 至 1896 年，納匝肋修院創辦人羅若望神父（Fr Jean Joseph Rousseille, 1832-1900）及其他神父先後染病，納匝肋社群必須離開利牧苑，遷往堅尼地城的列治文台（Richmond Terrace）。惟當地接近市區，而且面積有限，絕非靈修的理想地方。剛巧德格拉斯堡的主人去

建於 1917 年的法國巴黎外方傳道會大樓（正、側），現為終審
庭，巴黎外方傳教會的標誌仍清晰可見。（沙爾德聖保祿女修會
〔香港〕提供）

世而出讓物業，教會於是購入堡壘並進行改建，到 1896 年
5 月 24 日正式遷入上址。

　　隨着蘇彝士運河在 1869 年開通，教廷對海外傳教士
的控制逐漸寬鬆，司帳處的重要性日益減少。然而，巴黎
外方傳教會在 1915 年以 38 萬元，購入「比肯斯菲爾樓」
（Beaconsfield House，又名「拱北樓」，即今日終審法院）。
作為行政總部，並進行大規模改建，最顯著的是在西北角
加建圓拱頂的小教堂。法國傳道會大樓於 1917 年落成啟
用，到 1953 年以 280 萬元售予香港政府。

　　留港養病、靈修的巴黎外方傳教會神父，看似與世
隔絕，而且教會視香港為亞洲區的行政樞紐，並未着力
在香港傳教；不過，這群法國教士卻為香港留下不少地標
和歷史記憶。伯大尼修院、現為香港大學大學堂的納匝

肋修院以至中環的前巴黎外方傳教會大樓，是香港碩果僅存的十九、二十世紀西式建築，風格獨特。而負責監督建造伯大尼修院的白德禮神父（Fr Charles E. Patriat, 1828-1887），於1880年代的一次偶然的機會，把在摩星嶺附近發現的不知名植物，以接枝方法移植到伯大尼修院，還贈送予香港植物公園和廣州天主教堂。這株在香港遍地開花的植物就是洋紫荊（Bauhinia blakenna），後來更成為這小島的市花。

最初納匝肋印書館的所在地漸漸發展成教友村——太古樓。印書館的員工來自東莞、順德、西貢鹽田梓的教友，當納匝肋社群遷出太古樓，教會把印書館改為員工宿舍，為這群遠道而來的員工提供住處。太古樓亦逐漸發展成教友村，高峰期住有居民三百人。為因應教友的需要，巴黎外方傳教會請求沙爾德聖保祿女修會為居民提供教育服務及管理聖約瑟女子學校（St Joseph Girls' School）。

## 沙爾德聖保祿女修會

與巴黎外方傳教會相比，同樣來自法國的沙爾德聖保祿女修會在香港的發展卻荊棘滿途。該女修會在1848年抵港，是香港首個天主教修女團體，她們的來臨與巴黎外方傳教會不無關係。巴黎外方傳教會的臨時代監牧科蒙席神父（Mgr Theodore Forcade, 1816-1885）發現，開埠初期的香港有不少被遺棄的女嬰，於是寫信向其姊科修女（Sr Alphonsine Forcade, 1813-1850）求助，科修女便聯同三位修女來港，在灣仔山邊搭建茅寮，展開拯救棄嬰的工作。[6]

沙爾德聖保祿女修會在 1903 年，獲政府批予跑馬地黃泥涌道山邊土地以興建孤兒院和醫院，修女把該處命名為「加爾瓦略山」（意謂髑髏之地，即耶穌被釘十字架之山崗），建築於 1907 年落成。（沙爾德聖保祿女修會〔香港〕提供）

女修會來港不到一個月便開始收納棄嬰。傳統中國重男輕女的心態，令多數女嬰甫出生便遭父母遺棄。為拯救這群無辜的小生命，修女開辦聖童之家孤兒院（*L'Asile de la Sainte Enfance - Asylum of the Holy Infancy*），甚至付錢購買女嬰（由幾毫到一元不等），即使遠道由廣州而來的棄嬰也來者不拒，以免她們落入人口販子手中。1849 年末，女修會共收容了 226 名兒童。迄至二十世紀初，聖童之家平均每天收納 5 至 7 名棄嬰，每年約共 1,900 名嬰孩。他們的健康情況極差，大多數到院不出三數天便夭折，從 1880 至 1885 年，院內嬰兒的死亡率高達 94%。

　　除拯救棄嬰，女修會亦漸漸拓展教育服務。位於灣仔海旁皇后大道東的聖童之家，既是孤兒院，也是一所學校，為院童提供基本教育，包括謀生技能。到 1876 年，學校開始收取外籍女生。由於交通不便，學校亦開始收容寄宿生。

　　然而，女修會拯救棄嬰的努力，並未獲得教區的支持。十九世紀後期，法國和意大利對天主教海外傳教權力的爭奪，使在港的法國修女未能獲得應有的經濟支援，反而屢遭逼遷甚至瀕臨放棄香港的傳教事業。在缺乏支援的情況下，修女們唯有以募捐、賣彩票、出售工作製品和賣物會等方法籌款勉強經營。

　　1894 年，香港爆發鼠疫，不單棄嬰數目增加，老年病婦也開始湧入聖童之家。原本的孤兒院，擠滿了棄嬰、孤兒、殘障人士和老弱病者，他們對醫療和藥物的需求，促使女修會成立聖保祿醫院（St Paul's Hospital），並於 1898 年 1 月 1 日投入服務。

由於女修會擴充速度驚人，加爾瓦略山不敷應用，在巴黎外方傳教會 Fr Leon Robert 的協助下，女修會購入怡和公司位於銅鑼灣的香港棉紡織染公司，即今天銅鑼灣東院道二號聖保祿女修會的現址。圖為早年銅鑼灣聖保祿女修會的俯瞰圖。（高添強提供）

1930 年 5 月 10 日聖保祿修院內的基督君王小堂祝聖，留意遠處可看見 1929 年落成的東華東院。（沙爾德聖保祿女修會〔香港〕提供）

聖保祿學校的前身是法國嬰堂，圖為沙爾德
聖保祿女修會的修女與育嬰堂的女孩。（沙爾
德聖保祿女修會〔香港〕提供）

至十九世紀末，聖童之家已不敷應用。原來灣仔海旁的院舍，已發展成修院、初學院、孤兒院、育嬰院、寄宿學校、醫院、療養院和藥房。人多擠迫，令聖童之家在 1902 年爆發霍亂，港府於是給予修會跑馬地一塊土地，修女們命名為「加爾瓦略山」（Le Calvaire）。1907 年，加爾瓦略山會院落成，孤兒院和醫院遷往上址，而原來的灣仔修院，則收容病弱老人。

雖然女修會成功走出灣仔，但她們遷徙的故事尚未終結。位於跑馬地的醫院鄰近市集，大清早 4 時，沿岸舢舨的商販及漁民已開始工作，製造不少噪音，加上電車行駛所發出的聲浪，令醫院病人直到子夜才可入睡。與此同時，女修會在加爾瓦略山的擴充速度驚人。據 1916 年的報道，聖童之家收容了 260 名華籍女童，而學校就有學生 90 人，她們均來自上層家庭，至於工場（workroom）則為 110 名兒童提供職業訓練。加爾瓦略山的擠迫程度可想而知。有見及此，巴黎外方傳教會的 Fr Leon Robert（通稱 Pere Robert）積極穿針引線，請來遮打爵士（Catchick Paul Chater, 1846-1926）資助女修會購入怡和洋行位於銅鑼灣的香港棉紡織染公司。買賣合約在第一次世界大戰發生前四天簽訂，受戰事影響，工程有所延誤，最後女修會花了兩年時間，把工廠變身為修院、孤兒院、學校和醫院，成為今天銅鑼灣東院道二號聖保祿女修會的現址。其後，女修會在城區的中央興建基督君王小堂（Christ the King Chapel），於 1930 年 5 月 10 日舉行祝聖儀式。[7]

1930 年代，女修會更進一步跨出港島，向九龍半島進發。1936 年，女修會在九龍獲得一座平房，開設了聖德肋撒孤兒院（St Teresa's Nursing Home），部份又轉建為診所。1940 年，女修會在太子道開設另一所私立醫院 —— 聖德肋撒醫院（St Teresa's Hospital，通稱法國醫院）。

今天，香港人眼中的法國，可能是各式名牌化妝品、時尚服飾、美酒佳餚，又或所謂「中產象徵」—— 法國電影，偶爾也會想起醫院、Band 1 女校以及昂貴的地皮。百多年前這些法國教士和修女在香港傳教的事蹟，就像古蹟般，在某個時空被凍結、靜止。

## 註釋

1　1849 年，法國政府委任 Mr. Haskell 為駐港領事代辦，到 1862 年，Napoleon-Ernest Godeaux (1833-1906) 被任命為首位法國駐香港領事。France in Hong Kong, Consulate General of France in Hong Kong & Macau, http://www.consulfrance-hongkong.org/spip.php?page=mobile_art&art=2113 [date of access: Dec. 30, 2013]。

2　1493 年羅馬教廷頒令，把新世界劃分為東西兩區，分別由西班牙（西區，指美洲一帶）和葡萄牙（東區，即非洲及西印度群島）管轄，地區內的宗教活動均由該兩國資助及任命，即所謂「保教權」（西班牙、葡萄牙語稱之為 Padroado）。隨着西班牙和葡萄牙的政治及經濟影響力衰落，因而失去「保教」之能力。1622 年，羅馬教廷成立傳信部（Propaganda Fide），管理海外傳教活動。法國是天主教國家，1789 年的法國大革命，一度令皇權與神權脫勾，政府停止資助，海外傳教工作被迫停止。迄至拿破崙三世（Napoléon III，全名 Louis-Napoléon Bonaparte, 1808-1873）上台，由於他的妻子是虔誠的天主教徒，法國政府於是重新支持天主教的海外傳教工作。鴉片戰爭之後，1844 年，清政府與法國簽訂《黃埔條約》，列明法國傳教士可在中國內地傳教。1848 年 5 月 1 日，羅馬教廷將兩廣的傳教事業交由法國巴黎外方傳教會管轄。換言之，天主教在華保教權逐步落在法國手中。

3　清朝康熙皇帝與羅馬教廷為中國天主教教徒可否敬天、祭祖、祀孔以及喪葬禮儀展開激烈辯論。事緣明末來華的耶穌會士，為吸納中國信徒，容許他們敬拜上天、祖先和孔子，而且喪葬禮儀亦不需要嚴格遵守天主教的儀式。其後來華傳教的其他歐洲教會對此大表不滿，教廷於是遣使到中國，與康熙皇帝辯論。雙方最後未能達至共識，康熙及繼任的雍正帝更下令禁教，只有獲朝廷批准的教士才可在中國傳教。見李天綱：《中國禮儀之爭：歷史、文獻和意義》（上海：上海古籍出版社，1998）。

4　本章有關巴黎外方傳教會的資料，引自明愛社區發展服務：《薄扶林村：太平山下的歷史聚落》（香港：三聯書店，2012）；樂艾倫：《伯大尼與納匝肋：英國殖民地上的法國遺珍 》（香港：香港演藝學院，2006）；Ha Seong-kwong, Louis Edward Keloon, "The Foundation of the Catholic Mission in Hong Kong (1841-1894)," PhD Dissertation, Centre for Asian Studies, University of Hong Kong, 1998; Bruno Lepeu, "The Asian Missionary Network of the Paris Foreign Missions," in Louis Ha and Patrick Taveirne, eds., *History of Catholic Religious Orders and Missionary Congregations in Hong Kong,* Vol. 2: *Research Papers* (Hong Kong: Centre for Catholic Studies, The Chinese University of Hong Kong, 2009), pp. 76-126。

5　利牧苑屬太古洋行物業，納匝肋印書館工人以及此處的居民稱之為太古樓。

6　本章引述有關沙爾德聖保祿女修會的資料，參見田英傑編著、游麗清譯：《香港天主教掌故》（香港：聖神研究中心、聖神修院校外課程部，1983），頁 98-102；申頌詩著、馮彩華譯：〈沙爾德聖保祿女修會在香港〉，載夏其龍、譚永亮編：《香港天主教修會及傳教會歷史》（香港：香港中文大學天主教研究中心，2011），頁 7-77；張學明：〈香港聖保祿修會的慈善服務〉，載張學明、梁元生主編：《歷史上的慈善活動與社會動力》（香港：香港教育圖書公司，2005），頁 237-258；Frederick Cheung, "The Contribution of the Sisters of St Paul de Chartres in Hong Kong in the Twentieth Century," *Ritsumeikan Journal of Asia Pacific Studies* Vol. 23 (2007): 89-98; Sisters of St Paul de Chartres, *Almost as Old as Hong Kong* (Hong Kong: Sisters of St Paul de Chartres, 1973); Sisters of St Paul de Chartres, *Asile de la Sainte-Enfance: French Convent* (Chartres: Imprimerie Durand, 1910)。

7　有關巴黎外方傳教會的 Fr Leon Robert 協助女修會購入香港棉紡織染公司，詳見 Alain Le Pichon, "Portrait of a Practical Visionary: Father Leon Robert MEP and the Sisters of St Paul de Chartres in Hong Kong," *Journal of Asiatic Society Hong Kong Branch* Vol. 52(2012), pp. 225-266。

## 04

初年的日本人

明治、大正及昭和

環顧十九、二十世紀香港的外籍社群，日本可說是「遲來者」，儘管中、日關係的歷史可上溯至秦朝（公元前221-公元前206）。香港開埠之初曾經是明治政府認識西方管治和城市建設的窗口，加上二十世紀初英國與日本締結友好聯盟，令居港日人數目不斷增加。隨着中、日關係逐漸惡化，二次大戰前的日本僑民無法像其他居港的外籍社群，在政治、經濟、宗教或文化上獨當一面。

## 居港日僑人口分析

據悉香港開埠不久就有日人來港。1845 年，四名分別來自大阪、名古屋、長崎的日本漁民來到香港，其後他們在港迎娶西婦、當縫紉師或開洋貨店。從 1880 年代起，在港的日本人社區逐漸形成，而且備受尊重，從日本人成功爭取在香港墳場設立葬區可見一斑。[1]留港日僑的數目增加，源於日本於 1873 年 4 月 20 日在香港設立領事使館，加上兩地於 1879 年通航，加速了兩地的交流與人口流動。[2]

女多男少是十九世紀末至二十世紀初香港日本社群的

一大特徵，例如在 1901 年，居港日人總數不超過五百，當中女性人口約佔六成。大量日本女性來港謀生，與十九世紀香港的社會結構和情況有關。作為移民城市，開埠初期的香港是無數過客打工賺錢、尋找機會的地方。外來的華人與外國人，均以男性為主，為解決這群異鄉漢子的生理需要，妓業於是應運而生。事實上，香港政府先後在 1845 和 1897 年實行娼妓合法化，要求娼妓、妓院登記，並徵收稅款，直到 1932 年才廢除公娼制度。十九世紀下半葉的中、上環以及九龍油麻地皆為煙花之地，尤以港島石塘咀最為著名，妓院、酒樓林立。從十九世紀末香港人口的特徵，以及居港日僑男女比例失衡，可推斷這批漂洋過海的日本女性是來港以賣笑為生。

香港政府以及日方的調查進一步證明這批日本婦女來港出賣肉體。表 4-A 顯示由 1875 至 1916 年居港日僑數目變化。早在 1880 年，留港的男性日僑有 26 人，但女性就有 60 人，除卻家眷的數目，有學者推斷當中有十多名女性日僑從事妓女行業。到 1886 年，留港日僑共 147 人，在 96 名女性日僑中有 44 人是妓女，其中 13 人更成為外國人的妾侍。另外，由日本人開設的妓院數目也不斷上升，1880 年代，日資妓院共有八間，集中在中環和灣仔一帶，主要針對低下層、船員等尋芳客。到 1901 年，在港經營的日本妓院增至十三間，有妓女 132 人。換言之，十九世紀末二十世紀初，娼妓佔留港日僑總數的四分之一至三分之一。然而，不是所有日籍妓女都會向港府登記，更多是暗為私娼。所以，當時日籍娼妓的數目實際佔留港日僑一半以上，甚至高達六至七成。由此可見，娼妓是日人來港發

**表 4-A：居港日本人數目（1875-1931）**

| 年份 | 人口 | | |
|---|---|---|---|
| | 男 | 女 | 總數 |
| 1875（明治 8） | - | - | 13 |
| 1880（明治 13）4 月 7 日 | 26 | 60 | 86 |
| 1886（明治 19） | 51* | 96 | 147 |
| 1888（明治 21） | 96 | 141 | 237 |
| 1889（明治 22） | 101 | 142 | 243 |
| 1890（明治 23） | 85 | 116 | 201 |
| 1901（明治 34） | 197 | 224 | 421 |
| 1906（明治 39） | - | - | 1,118 |
| 1907（明治 40） | 452 | 383 | 835 |
| 1908（明治 41） | 446 | 435 | 881 |
| 1909（明治 42） | 476 | 374 | 852 |
| 1910（明治 43） | 586 | 448 | 1,034 |
| 1911（明治 44） | 616（548） | 483（410） | 1,099（958）** |
| 1912（明治 45）6 月 | 658 | 493 | 1,151 |
| 1912（大正元）12 月 | 678 | 500 | 1,178 |
| 1913（大正 2）6 月 | 713 | 474 | 1,187 |
| 1913（大正 2）12 月 | 697 | 517 | 1,214 |
| 1914（大正 3）6 月 | 694 | 530 | 1,224 |
| 1915（大正 4）6 月 | 767 | 559 | 1,326 |
| 1916（大正 5）6 月 | 826 | 634 | 1,460 |
| 1921 | 915 | 670 | 1,585 |
| 1931 | 996 | 847 | 1,843*** |

*另有 16 名居港日人當時滯留日本。

** 括號內數字取自香港政府人口統計報告。

***如包括船上人口（男 353、女 19），總數為 2,215 人。

資料來源：〔日〕奧田乙治郎：《明治初年に於ける香港日本人》（台北：台灣總督府熱帶產業調查會，昭和 12〔1937〕），頁 269-270；〔日〕野田實之助：《香港事情》（香港：出版社缺，1978），頁 348；Report on the Census of the Colony for 1911, *Sessional Paper,1911*, p. 103 (13); Report on the Census of the Colony for 1921, *Sessional Paper,1921*, p. 177, Table V; Report on the Census of the Colony for 1931, *Sessional Paper,1931*, p. 111。

香港墳場第三十四區主要是日本人的墓地。由於日本人信仰與歐美人士不同,習俗迥異,政府特地在香港墳場內劃出一角供日本人埋骨之用。(筆者拍攝)

展的先驅。[3]

及至 1900 年代中,香港日僑男女比例失衡的情況似乎有所改善。按表 4-A 所示,自 1907 年起,在港男性日僑人數逐漸多於女性,直到 1916 年,男女比例大約維持在六比四左右。然而,這並不表示本港日籍妓女數目下降。據 1915 年 6 月的調查,共有 236 名日本婦女在港從事藝妓、娼妓、經營妓院或作為外國人妾侍,佔當時在港日僑婦女人數逾四成。[4] 此外,還有逃避登記的私娼,另有部份婦女被拐賣來港。例如,十九世紀末,保良局曾收容及遣送四十多名被拐賣或私逃的日本女子回國,日本政府在 1898 年送贈銀杯和獎狀予保良局致謝。[5] 這兩件文物,現藏於保良局博物館。

儘管這批婦女對香港以至日本的發展貢獻良多，但她們生前和死後都得不到日本政府的接納和援助。為表不滿，據說這些婦女在香港墳場的墓碑皆背向日本。

## 商業活動

除妓業和飲食業，留港日人還涉足多個行業。早在十九世紀末，日本的大企業已來港設置分公司，例如，先前提及的三井物產會社、三菱汽船會社、廣業商會等，經營航運、乾貨海產等生意。今天香港人經常食用來自日本的海味乾貨，如鮑魚、蠔豉、魚翅、海參和冬菇等，就是從十九世紀末開始運到香港出售的。

不過，早期來港的日本企業大多以失敗告終。例如，三井物產會社香港支店在 1877 年開業，是第一間來港發展的日本企業，至 1882 年 1 月關閉。廣業商會香港支店在 1878 年 11 月成立，也同樣在 1882 年結業。至於三菱汽船會社旗下的「新潟丸」，由 1879 年夏季開始行駛香港至日本的航線，但到 1884 年 4 月也停航。[6] 餘下的日本商店大多數是料理店、旅館、妓院以及其他服務行業。

有見及此，1889 年 3 月 4 日就任駐港日本領事的鈴木充美撰寫報告，分析在港日商經營乏術、營業額偏低（每年僅得三四百萬元）的原因如下：其一，華商較日商團結；其二，日商以小資本經營為主，不敵華商雄厚資本；其三，中國貨品比日本的廉宜。[7]

自二十世紀開始，來港經商的日本企業或商行的種類漸趨多樣化。據 1901 年的統計，421 名居港日人中，有

167 人是日本公司的駐港職員，包括橫濱正金銀行 10 人、三井 43 人、日本郵船支店 15 人、大阪商船社 10 人、東洋汽船會社 4 人、日森洋行 85 人。此外，有日人經營雜貨店、和服店、和菓子、旅館、料理店、照相館、刺青、理髮店、女髮型師、縫紉店、洗濯、洗張、妓院。[8] 第一次世界大戰期間，大量日人來到香港營商，多數聚居灣仔一帶，因而令該區出現了各式各樣的日本商店。到上世紀二三十年代，除妓院及其相關的料理店，單是中環、灣仔沿海一帶的日資店舖已多達 42 間，其中有 6 間是鐘錶、珠寶、金飾店，顯示當時部份留港日人的消費水平頗高，可花費在貴金屬及其他高檔貨品。而香港日報社的創立，顯示留港日人開始關心這片殖民地的人和事（表 4-B）。

二十世紀初，日本人來港的數目持續增加，與英國和

**表 4-B：1920 至 1930 年代中環、灣仔沿海日資店舖類別及數量 \***

| 類別 | 數目 | 類別 | 數目 |
|---|---|---|---|
| 珠寶 | 2 | 鞋店 | 4 |
| 鐘錶 | 3 | 和菓子 | 3 |
| 金飾 | 1 | 藥店 | 1 |
| 絹綿毛布 | 2 | 陶器 | 1 |
| 日本書店 | 1 | 理髮店 | 4 |
| 日本雜貨店 | 2 | 染物 | 1 |
| 和服 | 2 | 洗濯、洗張 | 2 |
| 雜貨糧食酒類 | 5 | 運輸 | 1 |
| 紫檀類（香） | 3 | 新聞（香港） | 1 |
| 洋服 | 3 | 合共 | 42 |

\* 飲食業及妓業除外。

資料來源：香港日本人俱楽部史料編集委員会：《香港日本人社会の歷史：江戸から平成まで》（香港：香港日本人俱楽部史料編集委員會，2006），頁 100。

非我族裔：戰前香港的外籍族群

在干諾道中一帶碼頭櫛次鱗比，其時不少輪船均寄碇於
維港，由電船載運客人登岸，故海旁客棧林立，圖中所
見的東京酒店應以接待日本人為主。（高添強提供）

日本的外交關係轉好不無關係。英國為抗衡俄國及法國對
其在華利益的威脅，加上日本欲鞏固在亞洲的地位，兩國
於是在 1902 年締結英日同盟，並且在 1905 年續盟。雙方
友好關係的發展，早在十九世紀末已在香港有跡可尋。由
1874 年起，英國准許日本軍艦每年來港補給及維修。1891
年，日本濃尾發生地震，香港成立了賑恤日本地震災難委
員會，籌集善款幫助彼邦災民，而當時的代理港督伯加少
將（Major General Digby Barker）更捐款 150 元。[9]

　　與此同時，日本也向殖民地政府釋出善意，例如邀請港
督軒尼詩（Sir John Pope Hennessy，1834-1891，任期 1877-
1883）和寶雲（Sir George Ferguson Bowen，1821-1899，任期
1883-1887）到日本訪問。1882 年，閑院宮載仁親王（1865-
1945）赴法國入讀陸軍學校途中，在 10 月路經香港時作短暫

位於上環永樂街的公誠公司是仁丹
的香港代理及批發商。在戰前，仁
丹風行全國，是廣受歡迎的成藥。
（高添強提供）

位於灣仔莊士頓道售賣鐘錶金器的丸山商店（內、外），留意隔壁的中本洋服店也是日本人開設。在戰前，灣仔日本商店林立，是香港的小日本。（高添強提供）

日本人在動植物（兵頭）公園。（高添強提供）

宮崎縣人水元豬之助於明治 30 年（1897）去世，由香港友人伊藤末吉和梅谷正人（即梅屋庄吉）立石。此墓碑證明十九世紀末，孫中山先生的日本好友梅屋庄吉確曾在香港活動。（筆者拍攝）

訪問。[10]1894 年，香港鼠疫爆發，日本派出微生物學專家北里柴三郎（1853-1931）來港進行協助研究。[11]

## 居港日僑與辛亥革命

談及近代香港與日本的關係，不可不提梅屋庄吉（1868-1934）。明治元年生於日本長崎的梅屋庄吉，出身於富裕的米商家庭，少年時曾接手打理家族生意，但屢遭挫敗，加上他醉心攝影，於是離開日本四處遊歷，先後在新加坡和香港開設照相館。香港的梅屋照相館，在 1894 年開業，位處香港島的大馬路八號，即今天中環馬莎百貨的所在地。由於生意關係，梅屋認識了香港社會各界人士，包括孫中山（1866-1925）的老師 —— 香港西醫書院的康德黎醫生（Dr. James Cantlie, 1851-1926）。在康德黎的介紹下，梅屋與孫中山在 1895 年初次見面，雙方一見如故，梅屋更承諾在經濟上支援孫中山的革命事業。梅屋的日記提到，1896 年他首次為孫中山籌得 1,300 美元。[12] 有學者估計，歷年來梅屋對中國革命的援助超過十億日元，日比谷松本樓資料更顯示，計算通貨膨脹，梅屋的資助超過現今一兆日元。[13] 梅屋庄吉不僅在經濟上支持中國革命，孫中山逃亡到日本，也是由梅屋接待，並且為他引見了多位日本要人。1915 年 10 月 25 日，孫中山與宋慶齡更在梅屋位於東京的住宅內舉行結婚儀式。同時，孫中山與梅屋結為義兄弟，宋慶齡與梅屋夫人則結為義姐妹，可見他們交情深厚。[14]

## 戰前香港的反日活動

然而，孫中山與梅屋庄吉的中、日友情只維持了短暫時間。隨着近代以來中、日關係的起伏，港人經常敵視日本，並且威脅在港日僑的安危。1908 年，日本船隻「二辰丸」因走私軍火而被清政府炮艇扣押，日本向北京提出抗議、要求賠償、道歉和懲罰涉事的中國官員之餘，還要求清政府收購船上走私的軍火。廣州與香港的華商隨即發起杯葛日貨運動，11 月初，廣州國恥會派員來港組織暴動，襲擊存有日貨的商店、貨倉，到 1909 年 1 月，港府驅逐杯葛運動成員出境，事件才告一段落。

1919 年，北京「五四運動」的消息迅速傳到香港。儘管香港沒有罷工、罷課、罷市，但仍有反日示威、抵制日貨等行動。為防止反日事件擴大，港府派警察到灣仔巡邏，保護日僑安全，並且為日僑送水送食物。

香港的反日情緒到 1930 年代攀上高峰。1928 年 5 月的

「濟南事變」，激發本港市民上街示威，期間有人破壞日本商店的櫥窗洩憤。[15] 1931 年的「九一八事變」後，從 9 月 23 至 25 日，在灣仔、中環、港島東區和九龍的油麻地的日本商店相繼遭民眾破壞、搶掠，更有日僑遇襲受傷。港府曾一度向英軍尋求支援，平定在維多利亞城、筲箕灣以及九龍一帶的亂事。不過到 9 月 27 日，紅磡發生反日示威，並且趁機搶掠商店。多日來的暴動，造成六死二十五傷，超過 100 人被控以搶掠、襲擊日本人等罪名而被判監。[16] 連串反日示威、騷動，不僅破壞了長久以來本港市民與留港日僑之間的和諧關係，同時打擊了本港的經濟。當時的反日活動以抵制日貨為主，因此之故，1932 年來港的日本船隻大大減少，港府亦花費超過 3 萬港元平定反日暴動。[17]

1937 年抗日戰爭爆發，香港市民與留港日僑關係每況愈下。8 月中旬，廣州的日本使館安排當地 200 至 300 名僑民經陸路和海路來港。[18] 處於尷尬位置的港英政府，既無意插手中、日兩國的戰爭，但同時又憂慮 1931 年反日騷亂會歷史重演。為保障在港日僑的安全並且防止事端，港府一方面與日本領事館在中環、灣仔和九龍設立自願性的集中營讓日僑入住，他們日間可如常上班，晚上則留在集中營；不過，並非所有日僑都願意入住，家住港島半山的日人因遇襲的機會較低，謝絕港府的保護。另一方面，港府與羅文錦（1893-1959）、周壽臣（1861-1959）、李樹芬（1887-1966）等華人領袖商討，希望他們運用影響力，防止華人上街生事。同年 9 月，大批日僑開始撤離香港，連帶日本在港的商業活動亦大大減少。[19] 然而，香港的反日浪潮並未遏止，反日示威和支援抗戰的籌款活動從未間斷。11月30日，中環干諾道36號地下一間售賣日貨的商店遭受炸彈襲擊，懷疑是反日人士或團體所為。到太平洋戰爭爆發前，香港時有反日示威和襲擊，[20] 抵制日貨行動更是家常便飯，令香港的日本人社區在第二次大戰前夕黯然失色。

## 生養死葬

戰時鼓吹大東亞共榮的日本，表面上倡議民族融合，但從居港日僑的生活點滴可見，戰前香港的日本社群多自成一體甚至自我封閉。十九、二十世紀居港的日僑，除部份使館人員以及大企業的駐港職員外，主要居住在灣仔特別是春園街一帶，當地亦開設了不少日本商舖。雖然日僑與本地華人一起聚居，但他們鮮與華人甚至其他族裔交往。本港日本社群之所以能超然脫俗，皆因他們成立了各種功能性的團體，照顧生活各個方面，包括生養死葬。

在港的日本人團體大致分為娛樂、商會、宗教和慈善幾種。香港日本人俱樂部成立於1905年，成員主要是日本領事館人員、銀行家、企業家、商人和醫生。俱樂部為成員提供娛樂、聚會及宴客的地方，而圖書館的書報，讓僑民得知日本國內的最新消息。相比之下，日本人懇和會是個較平民化的商會、俱樂部，其創立成員主要是在港經商的獨立商人，以及香港日報社、本願寺教所、馬島醫院、旅館和照相館等機構的成員或員工。至於在1915年成立的日本人商興社，主要提供借貸服務。

日本人慈善會於1890年2月成立，專責處理居港日人

日本人多信奉佛教，盛行火葬，圖中所見是掃桿埔的日本人專用火葬場（約位於今天東華東院護士宿舍位置），於 1912 年 10 月落成使用。1919 年，日本人慈善會在上址豎立萬靈塔，以紀念在香港去世的日本人。（高添強提供）

的喪葬問題。早年來港的日人，不少死後沒有親友處理後事。梅屋庄吉的回憶錄也慨歎不少在港身故的日本人，死後無人祭祀，於是向居港僑民籌集資金豎立數座墓碑，又借出房子蓋成寺廟，請來東本願寺僧侶高田栖岸做法會，慰藉孤獨的幽魂。十九世紀末，香港爆發疫症期間，不少日僑的身後事更乏人打點。因此之故，日本人慈善會便義務安葬死者。今天跑馬地的香港墳場，仍可找到不少由該會豎立的墓碑。該會又協助安葬 1918 年馬場大火遇難的日人。與此同時，有居港日僑希望死後可返回家鄉安葬，增加了火葬服務的需求，日本人慈善會遂於 1909 年向港府申請在掃桿埔建立日本人專用的火葬場，並於 1912 年 10 月落成使用。又，慈善會於 1919 年（大正 8 年）在掃桿埔豎立萬靈塔，供僑民舉行慰靈儀式。該塔在 1982 年移至香港墳場。

本願寺布教所是本港的日本佛教組織，於每月的 2、6、12、16、22 和 26 日舉行講道大會。該會在 1907 年增設佛教婦人會，每月的 6 日為女信眾講解佛學。佛教婦人會亦協助安葬在港過世的日僑信眾，在香港墳場仍可找到十二座由該會建立的墓碑，絕大部份集中在第三十四區內。又，本願寺布教所曾開設小學，有學生十人。隨着居港日童數目增加，在日本教育部門、日本人俱樂部、懇和會和慈善會的支持下，日本人小學校在 1917 年創立。

馬島醫院是日本人所開的醫院，位於今天灣仔道集成中心對面，在 1890 年代末投入服務，至 1941 年 12 月太平洋戰爭爆發前關閉。二次大戰後，馬島醫院屬戰敗國的資產被港府沒收，其後改為公立的性病醫院。

戰後近七十年，每逢戰爭紀念日或中、日關係緊張的日子，仍有港人上街遊行示威、高喊打倒日本軍國主義。同時，本港日僑依舊在本港大型日資百貨公司穿梭往來。雖然中、日關係影響本港市民與大和民族的交往，但當新生代在日本文化薰陶下成長，抵制日貨已不再可行。

## 註釋

1 開埠初期，在港日僑多葬在摩星嶺。從 1878 年到 1945 年，共 465 名日本人長眠於香港墳場。Lim, *Forgotten Souls*, p.522。

2 自 1879（明治 12）年夏季起，三菱汽船會社的「新潟丸」，定期航行日本至香港的路線。奧田乙治郎：《明治初年に於ける香港日本人》，頁 90。

3. 同上，頁 304-306。

4. 〔日〕野田實之助：《香港事情》（香港：出版社缺，1978），頁 348-349。

5. 香港保良局董事會編纂：《香港保良局史略（創局九十周年）》（香港：香港保良局，丙午〔1966〕），頁 133。

6. 〔日〕奧田乙治郎：《明治初年に於ける香港日本人》，頁 47、69、71、90、127、140。

7. 同上，頁 281。

8. 同上，頁 313-316。

9. 同上，頁 291。

10. 同上，頁 138-139。

11. Benjamin Wai-Ming Ng, "Making of a Japanese Community," in Cindy Yik-Yi Chu, ed., *Foreign Communities in Hong Kong, 1840s-1950s* (New York: Palgrave MacMillan, 2005), p. 117.

12. 《孫文と梅屋庄吉：100 年の中国と日本》（〔東京〕：東京国立博物館、毎日新聞社，2011），頁 169。

13. 《孫文を支えた日本人～辛亥革命と梅屋庄吉～》，日本放送協會，2010，89 分鐘，擷取自 http://www.56.com/u22/v_NjMyODU3Mzk.html〔瀏覽日期：2013 年 5 月 20 日〕。

14. 小阪文也著、吳艷譯：《孫中山與梅屋庄吉》（北京：世界知識出版社，2011），頁 174-177。

15. *Hong Kong Administrative Report 1928*, Appendix K: Report of the Captain Superintendent of Police for the Year 1928, K19.

16. *Hong Kong Administrative Report 1931*, Appendix K: Hong Kong Police Annual Report for 1931, K2.

17. *Hong Kong Administrative Report 1932*, Appendix A(1): Hong Kong Report on the Finances for the Year 1932, A(1)12.

18. 〈廣州日僑婦孺開始離境〉，《香港工商日報》，1937 年 7 月 23 日，第 2 張第 3 版；〈駐廣州日僑定今晚總撤退〉，《香港工商日報》，1937 年 8 月 17 日，第 2 張第 2 版。

19. *Hong Kong Administrative Report 1937*, Appendix K: Report of the Commissioner of Police for the Year 1937, K7.

20. *Hong Kong Administrative Report 1938*, Appendix K: Report of the Commissioner of Police for the Year 1938, K11.

## 05

美國：商人與傳教士

在十九世紀，美國如同其他歐洲國家般，一方面手持武器在中國爭奪商機，同時又拿着《聖經》傳揚基督教教義，所以早期居港的美國人以商人和傳教士為主。在二次大戰前，美國人佔本港外籍人口的少數。1871 年，居港的美國人有 133 人，到 1911 年仍不到 300 人，及至 1931 年增至 494 人；[1] 然而，美國人已是二戰前香港的第五大外籍族群。[2]

## 從廣州到香港

儘管美國在十八世紀末才參與中國貿易，相對於歐洲各國可謂遲來者，而且人數較少，但其發展絕不比歐洲諸國遜色。1783 年由紐約出發的「中國皇后號」（Empress of China），經過一年多的航行，在 1784 年到達廣州，是美國獨立後第一艘來華的商船。最初美國商人向華商兜售人參、松脂、海瀨皮、甘蔗酒、煙草和棉花，再購入茶葉、瓷器回國。由於華商只對個別商品感興趣，加上競爭激烈，不久美商也加入售買鴉片的行列，旗昌洋行（Russell

美商瓊記洋行當年除在中區有寫字樓外，還在灣仔醫院山腳建有貨倉，今克街（Heard Street）即其貨倉所在地。（筆者拍攝）

& Co.）便是其中之一。到十九世紀初，美商已成為中國第二大貿易夥伴，地位僅次英國的東印度公司。[3]

　　在鴉片戰爭之前，香港已有美國商人的足跡。據悉，吉利士比（Charles Gillespie）是首位居港的美國人，他在 1841 年受聘為貨倉經理，亦是廣州美商在香港的代理人，而且自組公司營商。[4]香港開埠後，原本以廣州為基地的美國公司，陸續把貨倉和辦公室遷到香港。及至 1850年代，香港有四間美國公司，分別是 Bush & Co.、瓊記洋行（Augustine Heard & Co.）、奧立芬洋行（Olyphant & Co.）和旗昌洋行，[5]其中以旗昌洋行歷史最悠久、規模最大。[6]另外，某些大洋行的負責人會被美國政府任命為駐港領事，Bush & Co. 的 Desmond Frederick Bush 以及 Rawle, Duus & Co. 的 Samuel B. Rawle 便是例子。除上述的大洋行外，十九世紀香港的美國公司還有 Smith, Archer & Co.、

霍勒斯‧里斯（Horace Rees）是美國人，他是美資洋行 William Powell & Co. 的東主，其妻子是一個混血兒，家住九龍塘，這兩幀是其家庭照。（高添強提供）

Wetmore, Cryder & Co. 以及其他規模較小的洋行。[7]

美商在香港的貿易在十九世紀中後期逐漸萎縮。受到太平天國和美國南北戰爭的影響，來華的美國商船數目大減，貿易放緩；加上十九世紀末越洋電報接通，對中介貿易公司的需求和依賴不復當年，多間早期開辦的美資洋行因而相繼倒閉。首先是瓊記洋行於 1876 年結業，繼而是奧立芬洋行，龍頭的旗昌洋行到 1891 年亦轉手給英資旗昌洋行（Shewan Tomes & Co.）。

因此之故，本港的美國商人在二十世紀改變經營策略。他們不再以貿易為主，改為售賣加工產品，例如肥皂、鐘錶、香煙和罐頭食品等。棕欖香皂、鷹嘜煉乳等人所共知的品牌，就是在世紀之交打進香港市場的。幾間重要的美國公司也相繼來港，北望神州，包括美國煙草公司（American Tobacco Co.）、標準石油公司（Standard Oil Co.，現稱埃克森美孚）、光裕油行（Vacuum Oil Co.）、勝家衣車（Singer Sewing Machine）、國際銀行公司（International Banking Corporation，即花旗銀行前身）、亞洲銀行公司（Asia Banking Corporation）和美國運通（American Express）。惟美國公司在香港的投資額遠比在上海的小。[8]

## 來自花旗的福音

較之商業貿易，戰前美國對香港基督教的貢獻更大。對美國傳教士而言，中國才是他們的目的地，香港只是中轉站或歇腳的地方；然而，隨着香港成為英國的殖民

叔何顯理是首位來港的女宣教士，也是
在香港創辦女校的第一人，圖中是她
的畫像。（J.B. Jeter, *A Memoir of Mrs.
Henrietta Shuck: The First American
Female Missionary to China.*）

地，歐洲人口日漸增加，而傳教工作又尚待開發，所以香
港對傳教士仍有一定的吸引力。開埠之初來港的美國傳
教士隸屬於浸信會，如叔未士牧師（Rev. J. Lewis Shuck,
1814-1963）及其妻叔何顯理（Mrs. Henrietta Hall Shuck,
1817-1844）。他倆於 1835 年由美國出發，先到新加坡學
習中文，1836 年 8 月抵達到澳門開展遠東傳教工作。叔何
顯理在 1839 年曾經到訪香港，是首位來港的美國女性，
亦是早年唯一居港的西婦。及至 1842 年 3 月，叔未士夫婦
舉家遷往香港，與較早前到埗的羅孝全牧師（Rev. Issachar
J. Roberts）一同傳教。他們驚訝在香港傳教，既沒有中國
官員阻撓，又不用理會葡萄牙人的規矩，更獲港督砵甸乍
（Sir Henry Pottinger，1789-1856，任期 1841-1844）撥地和
捐款興建會堂。僅一年時間，叔未士已先後在皇后大道和

華人街市建立浸信會堂。他又遵循浸信會的傳統,在香港編輯兼監印《中華友報》(*The Friend of China*)。至於羅孝全牧師則主要在赤柱的村落傳教。兩位牧者都能用英語和華語做禮拜。作為女宣教士,叔何顯理以辦學、家訪、提供醫療及協助等方法,向本地婦女與兒童傳揚福音。她開辦的兩所學校,收取外籍女童之餘,華人家庭亦會送女兒入讀。惟她英年早逝,在 1844 年與世長辭,當時她年僅 27 歲,遺體其後移到跑馬地香港墳場安葬。叔何顯理在海外傳教的熱誠和懿範,開拓了美國浸信會婦女在中國的傳教工作("women's work in China"),兩廣浸信會遂於1936 年議決在香港成立學校表揚她的貢獻;及至 1951 年,浸信會小學正式改名為顯理中學。戰前來港發展的美國基督新教教會還有循道會、長老會以及中華基督教青年會。[9]

二十世紀初,美國的天主教傳教士也紛紛來到香江。相比歐洲諸國,美國天主教會的海外傳教事業起步較遲。1918 年,瑪利諾神父(Maryknoll Fathers)抵達香港,繼而動身前往廣東陽江,瑪利諾修女(Maryknoll Sisters)亦緊隨其後,於 1921 年來港。如同不少基督教差會及天主教會,香港只是傳教士進入中國的窗口、中轉站,瑪利諾傳教會也不例外,把香港作為物資集散地或中轉站。為培養傳教士,教會在赤柱設立總部以及在九龍塘設置女修院,並且開辦學校和孤兒院,照顧在香港的孤寡貧窮。縱使在香港辦教育和提供慈善服務並非修會的原來目標,惟 1949年當大陸政權易手,共產黨當政,內地傳教事業受阻,瑪利諾傳教會只好以香港為家。[10]

HENRIETTA,
FIRST AMERICAN FEMALE MISSIONARY TO CHINA.
DAUGHTER OF
The Rev. Addison Hall of Virginia, United States.
CONSORT OF
THE REV. J. LEWIS SHUCK. MISSIONARY TO CHINA
FROM THE
American Baptist Board for Foreign Missions.
She was born October 28, 1817.
Married 8th September 1835.
Arrived in China September, 1836.
In the prime of life, in the midst of her labors, and in
the meridian of her usefulness, suddenly, but
peacefully.
SHE DIED AT HONG KONG, NOVEMBER 27, 1844,
AGED 27 YEARS.
Hallowed and blessed is the memory of the good.

叔何顯理是首位在香港安息的女宣教士，她在
1844 年 11 月 27 日去世，葬於跑馬地香港墳場，
圖中所見是她的墓碑。（筆者拍攝）

瑪利諾修女來自美國，1931 年獲批地興建女修院及學校，圖為位於九龍塘的瑪利諾女修院，以紅磚興建，具有濃郁歐洲風格。（余麗珠提供）

# 活在香江

　　儘管戰前活躍於香江的美國人以商人和傳教士居多，在此彈丸之地叱咤一時的，卻是一位擁有多重身份的牙醫 Dr. Joseph Whittlesey Noble。畢業於賓夕凡尼亞大學的 Noble 醫生，是第二位在香港註冊執業的牙醫，他於 1887 年加入由 Dr. Hebert Poate 開設的牙醫診所，同時在雅麗氏醫院提供免費牙醫服務，後來更參與籌辦香港西醫書院。他不僅是位牙醫，也是個商人。十九世紀末，牛奶公司牧場爆發牛瘟，疫症過後，Noble 醫生買入牛奶公司。自 1894 至 1922 年，他作為牛奶公司的董事局成員，並且出任公司主席長達五年。[11] 同時，他亦投資香港多間企業，包括香港大酒店、香港纜車公司、香港電燈公司和青洲英泥等，為他帶來豐厚的收入，不過卻使他逐漸偏離原來的牙科專業。1907 年，Noble 醫生把他的事業王國擴展至報界，其時《南華早報》創辦人之一克良漢（Alfred Cunningham, 1870-?）因為投資紙業失利令公司出現財困，Noble 醫生於是悄悄買入該公司七成股權，成為大股東。不久，Nobel 醫生再買入《士蔑報》（*The Hongkong Telegraph*），繼而與《南華早報》合併。這位身兼大班、教育家、企業家、報人的牙醫，到 1925 年退休，離開香港返回美國老家。[12]

　　如同其他在港的外籍族群，美國人也設立自己的會所 ── 美國會（American Club）。該會於 1919 年成立，但到 1925 年才正式開幕。美國會最初的會址在中環都爹利街律敦行（Rutton House），後來搬到德輔道的歷山大廈（Alexandra House Building）。1936 年，美國會遷入當時新落成的香港上海滙豐銀行大廈五樓。美國會的宗旨是促進商業。戰前居港的美國人從商者眾，他們或自設公司，或效力於美資、英資洋行，美國會是他們經常聚首的地方。會所亦經常舉辦午餐會，促進商人彼此間的聯繫。此外，美國會也積極推廣體育活動，下設棒球隊和籃球隊，並且時常與本地及其他團體切磋球技。[13]

戰前在港美國商人的社交圈子並不限於美國會，他們也會加入其他會所組織諸如香港賽馬會、香港遊艇會等。每逢時節，特別是國慶和除夕，美國駐港領事和美國會的主席均設宴款待國人及各界友好，聲名顯赫的美國商人，更會在香港大酒店舉辦國慶和感恩節活動以作聯誼。[14] 可見，戰前在港的美國人是較活躍的外籍族群。

## 註釋

1　*Report on the Census of Hong Kong*, 1871, 1911, 1931.

2　戰前人數最多的外籍族群依次序為英國、印度、葡萄牙、日本，詳見附錄一。

3　Andrew Coe, *Eagles & Dragons: A History of Americans in China & the Origins of the American Club Hong Kong* (Hong Kong: American Club, 1997), pp. 24, 28-30, 37.

4　Coe, *Eagles & Dragons*, p. 42.

5　另有成立於 1845 年的 Rawle, Duus & Co.，但該公司經營了短時期便拆夥結業。Bard, *Traders of Hong Kong*, p. 82.

6　該公司前身是 1818 年 12 月 26 日成立的羅素洋行，中國商人則稱之為「旗昌洋行」。有關旗昌洋行十九世紀前期在廣州的發展，見威廉‧C‧亨特（William C. Hunter）著、馮樹鐵譯：《廣州「番鬼」錄，1825-1844 ──締約前「番鬼」廣州的情形》（廣州：廣東人民出版社，1993）。

7  關於十九世紀在本港經營的美資洋行，詳見 Bard, *Traders of Hong Kong*,
   pp. 79-85。

8  Coe, *Eagles & Dragons*, pp. 69-71, 102。另，美孚石油公司在中國的發展，
   詳見《先鋒與典範：美孚在中國的一百年》（香港：香港美孚石油有限公
   司，1994）。

9  關於叔未士及叔何顯理事蹟，詳見浸信會出版部編：《香港基督教教育的
   先驅：叔何顯理、王湯寵靈女士傳略》（香港：浸信會出版部，1955）；
   Margaret Morgan Coughlin, *Strangers in the House: J. Lewis Shuck and Issachar
   Roberts, First American Baptist Missionaries to China* (Ann Arbor, Michigan:
   UMI, 1995); Thelma Wolfe Hall, *I Give Myself: The Story of J. Lewis Shuck
   and His Mission to the Chinese* (Richmond, Va.: T. W. Hall, 1983); J. B. Jeter, *A
   Memoir of Mrs. Henrietta Shuck: The First American Female Missionary to China*
   (Boston: Gould, Kenail & Lincoln, 1850)。

10 關於瑪利諾修會在香港的歷史，詳見朱益宜著、朱益宜、周玉鳳合譯：
   《關愛華人：瑪利諾修女與香港，1921-1969》（香港：中華書局，2007）；
   何心平：《美國天主教傳教會與香港》（香港：香港中文大學天主教研究
   中心，2011）。

11 Nigel Cameron, *The Milky Way: The History of Dairy Farm* (Hong Kong: The
   Dairy Farm Company Ltd., 1986), pp. 48-50, 107.

12 Coe, *Eagles & Dragons*, p.84; "Turbulent beginnings." *South China Morning Post*
   August 4, 2012. Retrieved from http://www.scmp.com/article/433574/turbulent-
   beginnings [date of access: May 7, 2013]; Richard T. Walker, "Joseph Whittlesey
   Noble, 1862-1949: An Oriental Entrepreneur." *Bulletin of the History of Dentistry*.
   Vol. 33 No. 1 (Apr. 1985), pp. 7-12.

13 Coe, *Eagles & Dragons*, pp. 103, 105-109, 111, 114.

14 Coe, *Eagles & Dragons*, p. 103.

06

活躍於一戰前
的德國人

第一次世界大戰前，在香港的歐美社群中，論人口，德語族群僅排在英國人及葡萄牙人之後。若論經濟實力，他們幾可與英國人爭一日之長短。歐戰爆發，作為英國的敵國，在港德人的財產被充公，在香港的德國商行遭受重大打擊，經歷較長一段時間才慢慢恢復過來。但在市場上所佔份額，已無法與大戰前相比擬。不旋踵，二戰爆發，香港的德國人遭到另一次更致命的打擊，那已在本文論述的範圍時間之外。

德意志帝國是在 1871 年才建立的，在此之前它包括多個操德語的小國，如漢諾威（Hanover）及奧登堡（Oldenburg）；巴伐利亞、撒克森及普魯士等組成邦聯，本文也把這些德語族群一併論述。

## 居港德人人口統計

香港開埠之初已有少量德國人在此活動，在 1860 年普魯士駐港領事是奧弗巴克（Overback），而漢諾威及奧登堡的駐港領事是布羅德臣（Brodersen），都是在香港營商的德裔商人。[1] 但當年的人口統計中沒有就居港外籍人士作出細分，及至 1871 年的人口登記才有這方面的資料。[2] 當年的記錄是 170 人，十年後增至 188 人，到 1891 年是 208 人。踏入二十世紀頭一年是 337 人，到 1906 年達巔峰的 359 人。1911 年德國人減為 342 名，1921 年歐戰結束後剩下 3 名，1931 年增為 17 名，居於英、法、美三國之下，歐戰一役對居港德國人的打擊之大，由此可見。

在香港的德人從事多個行業，按施其樂牧師的研究，大致包括傳教士、出入口商人、航運業、旅館業、餐飲業、鐘錶業、拍賣行、煙草、槍械、銀行、保險及醫生。總的來說，以商人和傳教士為主，影響也較大。[3]

## 來港經商的德人與德國商行

英國、荷蘭、西班牙及葡萄牙等國家均曾為海上霸主，航海事業發達，但受到地理環境掣肘，普魯士並非傳統海上強國。在十八世紀，只有少量德裔商人乘船到廣州貿易，在 1840 至 1850 年代德語商人赴廣州營商的漸多，或在港開設分行。第二次鴉片戰爭後廣州局勢不穩，這些德裔人開設的德國商行乃陸續遷到香港來。[4] 從 1860 年代起來港的德裔商人顯著增加。

一個重要因素是在 1861 年普魯士代表 22 個德意志邦聯與中國在天津簽署了《中德通商條約》後，德國商人到中國找尋商機的大增。而蘇彝士運河的開通亦大大縮減了往返遠東與歐洲所需時間，促進了商業貿易的發展。[5] 1871 年德國統一，新成立的帝國雄心萬丈，銳意開拓對華貿易。適值清廷正推行洋務運動，亟需西方國家經濟及技術的支援，加上自 1860 年後清廷容許外籍傳教士到內地傳教。在此客觀形勢下，大量德國商人、傳教士、工程師、醫生、教師紛紛湧到中國來。

香港成為他們進入中國的大門。從 1885 年始，北德意志路易輪船公司（Norddeutscher Lloyd）開拓歐洲及遠東航線，從漢堡或不來梅啟航，可達檳城、新加坡、香港、上海、長崎及橫濱，大大方便了德國人在遠東開展貿易。1898 年德國脅迫中國簽署《中德膠澳條約》，把膠州灣租借予德國，德國人借鑑英國管治下的香港，大力建設青島，德國終成為西方列強之一，在華有了穩固的地盤。德裔商人在香港的發展與他們拓展中國貿易息息相關。

遠在德國尚未統一前，德裔商人已經來華貿易。Pustau & Co. 可能是最早的一間。威廉‧普士托（William Pustau）在 1843 年抵廣州開設商行，1846 年普士托在香港註冊為商人，店址在威靈頓街。該商行的業務在 1850 年代有所擴展，香港、廣州及上海均有店舖。但威廉‧普士托返回歐洲後公司改組，1893 年易名為 Reuter, Brockelmann & Co.。新公司設於皇后大道中，在廣州、上海及歐洲均有分行。在 1880 年代從事出入口貿易，獲利甚豐。1896 年在天津生產地氈，該商行在香港一直經營至二戰爆發才結業。

禪臣洋行（Siemssen & Co.）在 1846 年於廣州成立，香港分行開設於 1855 年，其後上海（1856）、福州分行（1860）也先後設立，總行在漢堡。該洋行從中國輸出茶葉、糖、香料及竹子；從暹羅和緬甸進口大米，並從英國輸出煤及紡織品，業務不斷擴展，1872 年已擁有自己的船隊，更是六間在英、德及荷蘭東印度的保險公司的代理。香港滙豐銀行在 1864 年籌組時禪臣洋行也有所參與，禪臣洋行的高層亨利·荷貝斯（Heinrich Hoppius）擔任滙豐董事長達 25 年之久。此外，該洋行也參與了黃埔船塢及於仁保險公司的開設，上述兩間公司及置地、九龍倉等香港執牛耳的企業的董事局中均有禪臣洋行的代表。禪臣洋行在遠東的業務先後受到兩次大戰的沉重打擊，香港分公司在 1955 年才恢復營運，易名為禪臣洋行（香港）有限公司（Siemssen & Co. (Hong Kong) Ltd.）。

F. Blackhead & Co. 的創辦人施華哥夫（F. Schwarzkopf）於 1855 年在廣州開始營商，成立 F. Schwarzkopf & Co.，主要從事航運倉庫生意。二次鴉片戰爭期間，廣州商館區付之一炬，公司乃搬到香港來，並易名為 F. Blackhead & Co.，改為從事於船舶用品生意。未幾公司業務擴展，包括向來港的德國、奧匈帝國及俄羅斯的海軍提供所需食用品，並從事煤炭及碼頭倉庫業務。其後又在筲箕灣開設了一間肥皂及梳打製造廠，那是香港工業生產之先驅。該洋行在香港設於聖佐治行，另在廣州、青島、濟南及天津皆有分行，業務蒸蒸向上。直至一戰爆發，香港的公司乃告結業。該洋行的倉庫原位於尖沙咀海旁，今稱 Blackhead Point，即以該洋行命名。

禮和洋行（Carlowitz & Co.）原由里察·卡路維茲及另一德裔人士在 1843 年於廣州創辦，兩年後在香港開設分行，1855 年股東拆夥，禮和洋行正式成立。1866 年該洋行在香港開設分行，店址為德己立街 2 號。禮和洋行主要從事於沿岸航運及一般商業貿易，在 1870 至 1890 年代業務

F. Blackhead & Co. 也是一間作多元投資的德資商行，圖中是其在筲箕灣的肥皂廠，該公司也經營船舶用品及倉庫生意，其中一個倉庫在尖沙咀海旁，其背後的山崗也因此被稱為 Blackhead Hill（黑頭山）。（高添強提供）

蒸蒸日上，名下有五間保險代理公司，天津和上海均設有分公司，而以上海公司的規模最為龐大，二戰後香港公司的重要性大減。

瑞記洋行（Arnhold Karberg & Co.）由德裔的雅各伯・亞諾（Jacob Arnhold）及丹麥人彼德・卡柏（Peter Karberg）合夥在 1866 年在廣州創業。翌年在香港開設分公司，其後更在上海、天津、漢口、重慶及瀋陽等城市設分行。隨着中國貿易的擴展，瑞記洋行在倫敦、柏林、紐約設立公司直接進行貿易，無需通過歐美的代理購入商品。在 1893 年該洋行的登記中有 4 個主要合夥人，17 名助理。在世紀之交，瑞記洋行除從事於幾乎所有各類商品的出入口貿易外，還參與航運、保險、銀行及機械器材。它有 18 個代理商，貨品類別繁多，從軍械到紡織機器均有。禮和原為一間德國公司，但在二十世紀初已滲入不少英美資本，發展為一間跨國公司。一戰爆發前，它洞悉先機，以英國洋行姿態營運，從而避過了一戰的打擊，在此時或一戰後，易名為 Arnhold & Co.，變為一間英國洋行。

美最時洋行（Melchers & Co.）的香港公司成立於 1866 年。[6] 店址在嘉咸街，從事出入口貿易及航運，尤其代理北德意志路易輪船公司船務，業務蒸蒸日上，先後在上海（1877）、漢口（1884）、廣州（1892）和天津（1898）開設分行。它在這些商埠買地興築辦公室、倉庫、工廠，投資航運、工業及貿易，獲利豐厚，更是丹麥、俄羅斯、瑞典、瑞士及德國多間航運、運輸、保險公司的代理。一戰爆發，公司蒙受重大打擊，慘被清盤。俟 1922 年香港及上海的公司恢復營業，其他分公司亦旋即重奪戰前之領先地

捷成洋行在芸芸德國商行中開業較晚，但後發先至，
在二十世紀初已可與其他大洋行爭一日之長短，它
從事的貿易十分多元化，其三魚商標風行一時，啤酒
是其中一項捷成投入的生意。（上圖：高添強提供；
下圖：*Three Mackerels: The Story of the Jebsen and
Jessen Family Enterprise*）

Kruse & Co. 創辦於 1868 年，是德裔商人創立的一間專門零售批發煙草的洋行，店址原在皇后大道中 10 號，圖中所見是它在畢打街及遮打道交界的門市部，它在 1905 年遷到上址。（高添強提供）

位。直至二戰，再遭受另一次打擊，香港公司在 1952 年復業，易名為 Melchers (Hong Kong) Ltd.，繼續營運下去。

　　捷成洋行（Jebsen & Co.）是雅各伯‧捷成（Jacob Jebsen）及同鄉好友亨利‧珍臣（Henrich Jessen）於 1895 年在香港登記成立的。[7] 新公司以航運為主要業務，承充雅各伯之父米高的捷成船務公司的代理，這間公司的船隊早在 1840 年代已在中國沿岸航行，捷成洋行進一步擴展其航線，其後更成為上海青島郵船的代理。捷成洋行還從事

出入口貿易，比方 1897 年成為德國一間著名染廠的代理，
1890 年代後期更投入皮革、疋頭、肥皂、香水、啤酒等生
意。在一戰爆發前，它在幾乎每類商品的出入口、機械及
航運均佔重大份額。但在一戰爆發後，捷成洋行在遠東的
生意停頓了六年才逐漸恢復過來。時至今天，捷成洋行仍
然活躍於香港及中國內地市場。

第一次世界大戰對香港的德國商行打擊很大，戰後需
經過一段頗長時間才慢慢恢復過來。禪臣、禮和等重開，
德國首屈一指的電機生產商西門子（Siemens）在香港開設
辦事處。另外如 I. G. Faben 等德國頗具規模的工業生產公
司看中了香港在轉口貿易上的優越地位及大量有技術的勞
工，來港開設辦事處，更多情況是委任本地公司代理其工業
產品。但二戰爆發，香港的德商又受到另一次更大的打擊。

總的來說，德國商人在第二次世界大戰，尤其是
一戰前在香港的經濟實力和地位，幾可與英國商人相頡
頏。德國法律及國家經濟教授賀文‧舒麥加（Hermann
Schumacher）在 1897 年曾到香港考察。[8] 他在其撰寫的
報告中指出：香港的德國商人實力與英國人不相上下。除
去巴斯人及來自印度的猶太人，更是遠在其他國家總和之
上。顯示德商實力的一個重要指標是，香港財力最雄厚的
滙豐銀行從 1864 年創辦直至 1914 年，禪臣洋行（從 1864
年）、美最時洋行（從 1871 年）及瑞記洋行（從 1888 年）
均有代表在滙豐的董事局裏。在黃埔船塢的由七人組成的
董事局裏德國人佔了三名，其他的大中型企業也有近似
情況。

舒麥加估計在香港有德商作董事的七間大企業，德人

可能投資了不少於 2,000 萬馬克。另外，在 1906 年駐港德國領事撰寫的備忘錄指出，60% 由歐洲運銷香港及 65% 從香港出口往歐洲的貨物是由德國商人經手的。香港的英資大企業，如滙豐銀行、黃埔船塢、九龍倉、港澳輪船公司等有三分之一的董事局成員是德人，香港總商會的理事中長期有兩名是德國人。領事先生最後的結論是，在今天的香港，德國人的經濟實力經已超越了英國人。[9]

## 來港傳道的德裔傳教士與事工

德國是基督新教的孕育誕生地，操德語的基督教傳教士在十九世紀中後期積極來華傳播福音，而香港正是他們從萬里之遙乘船抵華時最早踏足之地，也是其學習中國語言文字往內地宣教的培訓基地和後勤中心。通過德裔傳教士傳到中國來的是德意志信義宗（German Lutheran Church）。它的三個傳教會即所謂三巴會，分別是巴色會（Basel German Evangelical Missionary Society；Basel，即巴塞爾，位於瑞士北部，與德國接壤，是一個德語城市；巴色會以所在城市命名，後稱崇真會）、巴勉會（Barman Mission，後稱禮賢會）及巴陵會（Berlin Mission，後稱信義會），它早期的傳教士大都是從德語地區差遣來的。[10]

最早招引他們來的乃是普魯士人郭士立。郭士立（實臘，Karl F. A. Gutzlaff）[11] 生於 1803 年，1821 年到柏林入讀傳教學院，兩年後加入荷蘭傳道會，修業三年，被派往荷屬東印度傳教，在耶加達學習中文。1828 年他脫離所屬教會，轉赴暹羅向華人傳教，繼續學習中文，並掌握了粵語、福建話及國語。1831年他搭乘中國船隻往中國沿海傳教，翌年以翻譯員身份隨「亞美士德號」在中國沿海進行考察。其後又接受了威廉、渣甸之邀在一艘鴉片船上工作。

1834年馬禮遜去世後，郭士立在英駐華商務部任副書記及翻譯員，鴉片戰爭期間，郭士立先後是查理‧義律及砵甸乍（璞鼎查）的翻譯員。香港開埠後，郭士立任英駐華商務部總書記及總登記官（Registrar General）。郭士立擔任公職之餘不忘傳教工作，1844年他成立了福漢會（The Chinese Union），培訓華人到內地傳教，並不時親力親為向民眾傳教，但郭氏所立教會，工作草率，賬目不清，信

郭士立具有多重身份，他是傳教士，也是翻譯和官員。他於1851年因腎病病逝於香江，卜葬在香港墳場，其墓距墳場內的小教堂不遠，墓碑稱他為第一個來華傳道的信義宗傳教士。（筆者拍攝）

眾品流混雜，傳教的方法廣受質疑。1848年郭氏返歐尋求經濟援助未果，1851年卒於香港。郭氏是首名來華傳道的德裔基督教牧師，他除成立福漢會致力向華人宣揚福音外，更曾致函歐洲的德國差會，呼籲遣派教士來華宣教。1847年，巴勉會的柯士德（Heinrich Kuster）和葉納清（Ferdinand Genakr），巴色會的韓山明（T. Hamberg）和黎力基（R. Lechler）同日抵港，開創了德國差會在香港及中國傳教的紀元。

四牧師抵港之初皆服務於福漢會，但後來均因與郭士立意見相左而各歸本會自理。巴勉會的葉、柯兩教士自抵港便學習粵語，柯氏不久病逝，葉納清赴虎門、東莞一帶傳道。其後從德國母會差遣來港的教士絡繹不絕，其較著名者有羅存德（1848）、高懷義（1850）、呂威廉（1856）、花之安（1865）、能約翰（1867）、葛理察（1884）、戴惠霖（1871）、葉道勝（1903）、茂嘉禮（1913）等。在十九世紀下半葉，該會一直以內地，尤其是香港以北操粵語的廣府地區，包括廣州、太平、寶安、莞城、塘頭廈等地作傳道的主要目的地。

香港只是赴內地的中轉站及教士養病之地，及後不少內地教友移居香港，教會才於1898年在本港購入第一間樓宇，即般含道82號，作為聚會及教士養病之所。及至1911年本港禮賢教會組成堂董事會，1914年籌備多年的般含道教堂落成，8月1日新堂開幕，翌日歐戰爆發，德籍教士被勒令離境，香港禮賢會的一切會務由該堂長老執事處理，積極籌備打理，乃逐漸走上自理之途。

巴色會的韓山明及黎力基抵港後即習華語、衣華服、舉止摹仿華人以方便赴內地傳道。[12] 其中韓山明專習客家語，黎力基習潮語，原擬分別在客語及潮語地區傳道，但後來以韓山明在李朗、布吉等客家地區取得成果，向客族群體傳教便成為巴色會在華傳教之大方向。而香港只是「進取退守」之據點。

1851 年 2 月，韓山明在港島上環街市附近購入舊屋兩間作聚會之所，教徒均為客族，旋即赴布吉傳道，1854 年 5 月病逝於香港。韓氏為崇真會在客族地區傳教打下基礎，他更編纂了一本《客音字彙》，故被譽為客語教會開山祖。韓氏歿後，黎力基繼承他未竟之功，1861 年在西營盤 97 號地段建樓為居所及辦事處，又辦女學，由黎夫人主理。後因來港避居的客族人士漸多，乃買下第三街 96 號地建教堂，於 1867 年建成，此即崇真會救恩堂之開基。其後，筲箕灣、深水埗、九龍城、黃宜洲、龍躍頭、窩美 6 個支堂先後成立。黎力基常往來於香港及內地之間，領導香港巴色會長達 52 年，1899 年退休返國。其後自德國總部遣派來港的計有邊得志、婁士、顧士曼、花里仁、瑞藹多、茂德華、顏琼林等教士。1914 年歐戰爆發，德國牧師遣返，香港的華人牧師及教會中人乃自行籌劃會務。一戰結束後，香港巴色會與總會商討自立之途，1924 年以巴色為西差會所在地之城市（Basel），乃易名為崇真會，至 1927 年宣佈完全自立。

巴陵中國差會是應郭士立的呼籲特別為向中國傳教而成立的，1851 年該會遣派的首名教士萬羅伯抵港，往客家地區傳教，但他在華只工作了四年便返國。1854 年該會再遣韓士伯牧師及郭念三醫生東來，郭醫生在 1858 年於摩利臣山山腳開設醫務所，為華人及德裔海員診症。郭醫生其後轉往內地傳教，然後在 1864 年返國。韓士伯從 1856年一直在粵北客家地區傳教，後來以巴陵中國差會經費拮据，乃於 1872 年把客家傳教工作交與巴勉會接辦。1882年，巴陵母會再差遣德裔牧師來港傳道，並按立華人王煜初為牧師，他們以廣州、仁化、順德、新會、惠陽等地為傳教中心，尤其注重鄉鎮工作。

巴陵會轄下有巴陵嬰堂，從 1851 年開始收養棄嬰，嬰堂原設於摩利臣山，後搬往高街，與巴色會會所毗鄰。此外，1897 年信義宗喜迪堪會（Hildesheimer Blindenmsission）的女傳教士布絲樂女士（Ms. Hartha Postler）收容了四名失明女童，開設了心光盲人院。1901年原位於西營盤的盲人院不敷應用，乃搬到土瓜灣，新的院舍可容納 50 名女童，1913 年獲政府批予西高山地興建新院舍。一年後歐戰爆發，德裔人員離港，但港府容許護士繼續留守，一戰後院舍交由教堂傳教協會（Church Missionary Society）及德國教會信託代為打理；二戰期間，院舍被收回，女童遷往上水，戰後重返薄扶林院舍。

信義宗的差會遣派來港的德裔教士中有兩位後來放棄了傳道工作，加入政府，對香港的教育事業作出貢獻。巴勉會的羅存德（Wilhelm Lobscheid）在 1848 年被遣派來港，[13] 早期在郭士立指導下培訓華裔傳道人，1851 年他轉到另一教會（Chinese Evangelisation Society）繼續傳道工作。1857 年他脫離教會，加入香港政府作官校視學官，整

歐德理是傳教士、漢學家、教育家及政府官員,他的著作 *Europe in China: The History of Hongkong from the beginning to the Year 1882* 是第一本香港史著作。(高添強提供)

頓了不少校風不正的官校,加設非宗教學科,改善教育制度,並出版了不少與教育有關的著作。

　　歐內斯特·歐德理(Earnest Eitel)在 1862 年被巴色會差派來港。[14] 三年後他轉到倫敦會去,受到港督軒尼詩的賞識,歸化了英國,並擔任港督的私人秘書,後轉任督學,直至 1897 年退休。歐德理任內建樹良多,他大力提倡女子教育、體格的鍛練,也是幼兒教育及工業培訓的先驅。他的著作 *Europe in China: The History of Hongkong from the Beginning to the Year 1882* 是第一本香港史著作。

　　西人對於會所作為聯誼及消遣康樂場所的功能十分重視,僑居外地的西人達相當人數,具一定財力後便往往會組織會所,讓僑民可互通消息,及維持他們在歐洲原來的社交生活。據施其樂的研究,作為在香港西人族群中人口較多及財力雄厚的德語族群,早在 1859 年已於灣仔成立第一間會所。[15] 當時本港德語族群人數還很少,其後,隨着

這是德裔族群在香港興建的第三所德國會
所，原有會所不敷使用，他們在十九世紀末
購入此幅位於堅尼地道面朝海港的土地，
興築了巍峨典雅的新會所，可惜在歐戰爆
發後被充公，後被聖約瑟書院購入為校
舍，至 1961 年拆卸。（*Twentieth Century*
*Impressions of Hongkong, Shanghai, and*
*other Treaty Ports of China*）

來港德人增加，會所屢易其址。1899 年，他們購入堅尼地道地段，興築了五層高巍峨宏麗的會所大樓，面朝維港，內有寬敞的餐廳，還有圖書館、桌球室及保齡球道等設施，應有盡有。據知在 1908 年有會員 139 名，不在港會員101 名，5 名客席會員及 4 位榮譽會員。1914 年英德開戰，德國會所被充公，交與聖若瑟書院使用。及至 1931 年，德人租賃干諾道二號四樓作會所，但規模已無復當年了。

　　據麥勁生等學者的研究，在德意志未立國前，香港的德裔人士沒有國家的觀念，民族意識不強，純粹在商言商，廣被香港的英國人接受，關係良好。但在普魯士先後擊敗法國、丹麥及奧匈帝國，統一了日耳曼地區，宣佈成立德意志帝國後，迅即成為歐洲一股新勢力，銳意擴張，逐漸對一直以來鰲頭獨佔的大英帝國的霸主地位構成威脅，國家民族主義抬頭。[16] 而在香港，他們與英人無復往昔之密切，及至歐戰爆發，港英政府以德國為敵國，充公其僑民之財產，遣散他們返國，香港德人的黃金時代亦一去不回了。

## 註釋

1　*Hong Kong Blue Book, 1871*, Foreign Consuls.

2　*Report on the Census of Hong Kong*, 1871, 1881, 1891, 1901, 1906, 1911, 1921, 1931.

3　施其樂詳細考證了居港德人的職業，並作出分類，見 Carl T. Smith, "The German Speaking Community in Hong Kong, 1846-1918," *JHKBRAS*, Vol 34, 1994, published in 1997, pp. 21-22。

4　有關德國商行資料詳見 Bard, *Traders of Hong Kong*, pp. 96-105; Wright,

*Twentieth Century Impressions of Hong Kong;* Smith, "The German Speaking Community in Hong Kong, 1846-1918," pp. 21-22。深入分析見 Ricardo K. S. Mak, "Business for Business Sake: German Merchants in Nineteenth Century Hong Kong," in Ricardo K.S. Mak & Danny S. L. Pau, eds., *Sino-German Relations Since 1800: Multidisciplinary Explorations* (Frankfurt am Main: Peter Lang, 2000), pp. 31-52; Bert Becker, "German Business in Hong Kong Before 1914," *JHKBRAS*, Vol. 44 (2004), pp. 91-113。

5 Becker, "German Business in Hong Kong Before 1914," pp. 91-113.

6 美最時洋行見 Henning Melchers, *The History of Melchers & Co., 1806-2006* (Bremen: Hauschild, 2006)。

7 捷成洋行見 Laura Miller & Arne Wasmuth, *Three Mackerels: The Story of the Jebsen and Jessen Family Enterprise* (Hong Kong: Now.com, 2008)。

8 Becker, "German Business in Hong Kong Before 1914."

9 Ibid.

10 關於德語族差會在香港之傳教工作詳見劉粵聲：《香港基督教會史》（香港：香港浸信教會，1996）；施拉德（Wilhelm Schlatter）著、周天和譯：《真光照客家：巴色差會早期來華宣教簡史，1839-1915》（香港：基督教崇真會，2008）；湯泳詩：《瑞澤香江：香港巴色會》（香港：香港大學博物美術館，2005）；湯泳詩：《一個華南客家教會的研究：從巴色會到香港崇真會》（香港：基督教中國宗教文化研究社，2002）。

11 郭士立生平見 G. B. Endacott, *A Biographical Sketchbook of Early Hong Kong*, (Singapore: D. Moore for Eastern Universities Press, 1962)；蘇精：〈郭實臘和其他傳教士的緊張關係〉，載蘇精：《上帝的人馬：十九世紀在華傳教士的作為》（香港：基督教中國宗教文化研究所，2006），頁 33-71。

12 韓山明詳見史萊達（Herman Schlyter）著、周天和譯：《韓山明：瑞典第一位前往中國的傳教士》（香港：基督教香港崇真會，2008）；黎力基見施拉德（Wilhelm Schlatter）著、周天和譯：《曠野一孤雁：黎力基傳》（香港：基督教香港崇真會，2012）。

13 羅存德生平見 Bert Becker, and Christopher Munn, "Lobscheid, Wilhelm," *Dictionary of Hong Kong Biography*, pp.282-284。

14 歐德禮生平詳見 Peter Wesley-Smith, "Eitel, Earnest Johann," *Dictionary of Hong Kong Biography*, pp.132-134; Timothy M. K. Wong, "The Limits of Ambiguity in German Identity in Nineteenth Century Hong Kong: With Special Reference to Earnest John Eitel (1838-1908)," in Mak & Pau, eds., *Sino-German Relations Since 1800*, pp. 53-72。

15 見 *Hong Kong Blue Book, 1871*, Foreign Consuls; Winfried Speitkamp, "The German in Hong Kong 1860-1914: Social Life, Political interest and

National Identity, " in Mak & Pau, eds., *Sino-German Relation Since 1800: Multidisciplinary Explorations*, pp. 53-72。

16  Mak, "Business for Business Sake," pp. 31-52.

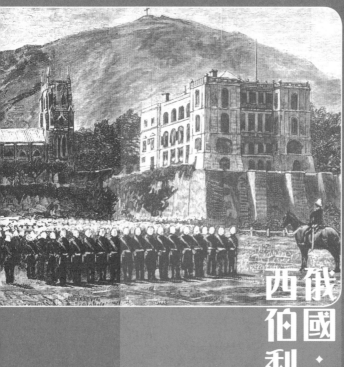

07

俄國：來自西伯利亞的稀客

　　第二次世界大戰前，在本港的俄羅斯人可謂少數中的少數，1921 年只有 36 人，十年後激增至 127 人。然而，這並不代表俄羅斯帝國及其後的蘇聯不重視香港。相反，自十九世紀中葉，沙俄已視香港為該國在東南亞的戰略據點。有見及此，英國嚴防俄國勢力在香港滋長，令俄僑數目以至兩地的經貿發展在 1991 年蘇聯解體前無甚起色。至於 1910 年代末，本港俄羅斯人口以倍數遞增，皆因他們要逃避共產政權，於是千里迢迢由冰天雪地的西伯利亞來到這個中國南端的小島。

## 香港：俄國南下的戰略據點

　　作為歐洲列強之一，俄羅斯帝國在十九世紀正欲向南推進。1853 至 1856 年的克里米亞戰爭（Crimean War），奧斯曼土耳其帝國、法國、英國聯手阻止沙俄進駐巴爾幹半島。雖然從歐洲南下的步伐受阻，但正值東方的滿清皇朝陷入被列強瓜分的邊緣，俄羅斯帝國遂調整策略，向亞洲進發，而香港便成為俄國進軍東南亞的戰略據點。

圖中建築物為前法國傳道會大樓（今終審庭所在）之前身，在 1860
年代至 1876 年是美商瓊記洋行大班的住宅及寫字樓。瓊記倒閉後，
此大樓曾租賃作俄羅斯領事館之用。（高添強提供）

縱然開埠初期的香港是個地少人稀的殖民地，卻成為了英、俄兩個的外交戰場。據 Michael Share 的研究，自克里米亞戰爭結束後，俄羅斯帝國欲開拓從中國、香港、澳門及台灣通向東南亞的戰略通道，自 1850 年代末便銳意加強在上述地方的發展。因此之故，俄國在 1857 年派遣使節人員來港，並在 1860 年設立領事館。[1]「莊士敦樓」（Johnston House），即現今終審法院所在地，是昔日的俄羅斯領事館。該大樓建於 1843 年，曾是首兩任香港總督的居所，自第二任港督戴維斯（Sir John Francis Davis，1795-1890，任期 1844-1848）遷出後，大樓曾用作滙豐銀行的飯堂，之後便成為了俄國領事館。到 1877 年初，領事館再搬到畢打山（Pedder's Hill），不過要到 1900 年才正式設立。1917 年俄國「十月革命」後，新政府關閉了部份海外使館，香港是其中之一，直到 1994 年才重開。由此推斷，早期零星棲身於香港的俄羅斯人，多數是領事館人員及其家眷。

在十九世紀末，俄國的皇室、政要曾多次訪港。例如，1857 年海軍上將 Evfim Pytyatin 在香港與英國商討克里米亞戰爭後的商業條約。俄國的亞力克斯大爵（Grand Duke Alexis Aleksandrovich, 1850-1908）先後兩次訪港，1872 年他首次到訪時，曾入住港督府，並且在香港有名的華芳影樓拍照。到 1891 年 4 月，俄國的尼古拉斯皇子（即後來的沙皇尼古拉斯二世，Tzar Niocolas II，1868-1918，在位時期 1894-1917）也到訪香港。[2]

對沙俄而言，香港具相當的戰略價值，既可收集西方各國情報，又可南望東南亞，俄國甚至希望香港成為其在亞洲的海軍基地。惟英國豈會坐視不理。1885 年，英、俄

非我族裔：戰前香港的外籍族群

在阿富汗發生衝突，英國政府下令在香港水域佈防，以防俄國從海路入侵。1896 年英國批評俄國駐港領事經濟支持間諜活動。兩國緊張的關係一度因歐戰爆發而舒緩。戰爭期間，英國在日本的協助下，把物資、武器走水路從香港運至海參崴，再轉用西伯利亞鐵路運到歐洲的俄國。[3] 總而言之，在 1917 年俄國革命前，英、俄兩國縱有邦交，關係卻淡薄、疏離。這一點亦解釋了為甚麼在 1920 年之前，本港的俄羅斯人數目少之有少。僑民數目和活動受限制，進一步拖慢港、俄兩地的經貿與交流。

## 白俄漂流記

　　1917 年的「十月革命」，令大批俄羅斯人逃亡到中國。俄國人民推翻沙皇，成立臨時政府，當地儒略曆的 10 月 25 日（即陽曆的 11 月 7 日），布爾什維克黨（Bolshevik）的列寧（Vladimir Ilyich Lenin, 1870-1924）率領紅軍革命，以武力解散俄國立憲會議，成立以工、農為首的共產黨政權。反對派組成白軍（俗稱白俄，White Russians）對抗，內戰爆發。最後列寧領導的紅軍勝出，建立統一的蘇維埃俄羅斯聯邦，白俄將士和反對共產政權的俄羅斯人遂展開漫長的流亡之旅，而靠近中、俄邊境的哈爾濱，成為他們的逃難熱點。據悉 1922 年哈爾濱總人口中，有四分之一（約 12 萬）是俄羅斯人，翌年上升至 15.5 萬人。除哈爾濱外，中東鐵路沿線（Chinese Eastern Railway）[4] 各大小城鎮，亦不乏白俄的蹤影。部份居住在哈爾濱的俄羅斯人，稍後遷往北京、天津、青島、上海以及其他歐美國家。迄至 1931 年日本入侵東北，哈爾濱的俄僑大舉南下湧入上海的租界。據統計，1917 年上海公共租界的俄僑約有 360人；自 1918 年起，大批俄國人抵滬，到 1930 年，上海俄僑總數已接近 2 萬人。流亡的俄羅斯人，大部份棲息於租界內，例如，1934 年法租界有俄僑 8,260 人，公共租界在1935 年亦有俄僑 3,017 人。相反，留守在哈爾濱的俄國人由 1930 年的 64,470 人（無國籍白俄 30,044 人、蘇聯僑民27,633 人、中國籍俄羅斯人 6,793 人），下降至 1936 年的38,393 人（白俄 30,589 人、蘇聯僑民 7,804 人）。[5]

俄僑不管是跑到哈爾濱、青島還是上海，總比南下香港的路程為近。何以他們來到香港？又為何在 1930 年代人數倍增？流亡中國的俄羅斯人當中，不乏資本家、商人、富農、軍官、專業及技術人員，因戰亂逃難的貧困者亦不少。他們當中有部份在中國東北開酒廠、麵粉廠，但更多是在上海租界行乞、賣淫或從事其他非法勾當，因為他們不諳中、英語，難以謀生。為改善生活，有俄僑把子女送到上海學習英文，然後再來香港讀書。首任香港古物事務監督以及前香港中樂團指揮白德醫生（Dr. Solomon Matthew Bard, 1916-2014）便是一例。本身為猶太人、生於西伯利亞赤塔（Chita）的白德醫生，1924 年隨家人移民哈爾濱，為了讀醫科，不諳英文的他首先於 1932 年到上海學習英語，1934 年才入讀香港大學醫學院。根據他的回憶，當時在香港大學有三四十位俄羅斯學生。除了求學，亦有俄羅斯人遠渡來港謀生。香港歷史檔案處的施其樂牧師資料集顯示，俄羅斯人早在十九世紀末已在香港定居，不過大部份都是在俄國十月革命後才輾轉來到香港。[6] 他們有任職本港的大公司、大企業，例如黃埔船塢、牛奶公司、香港賽馬會，亦有在餐廳、酒店、馬棚工作。[7]

有別於其他外籍族群，戰前居港的俄羅斯人鮮有大富大貴者，從他們在香港墳場的墓碑設計和用料較簡單、平實，可略知一二。[8] 在這班貧窮的俄羅斯人中，固然有為逃避共產黨而來港，但亦有少部份共產國際成員混入當中，來港發動無產階級革命。有學者指出，1920 年代本港兩次大型的工人運動，來自蘇俄的共產國際成員也有參與其中。同時，面對國際孤立的情況，蘇聯亦透過香港作為經貿的窗口，與鄰國（如中國）貿易，賺取外匯。[9]

1930 年代的香港政府曾為俄僑創造就業機會。香港對出的南中國海水域，經常有海盜出沒。1914 年，港府成立了反海盜隊（Anti-Piracy Guards），負責沿海及內河航道的治安，至於較大的遠洋貨輪，則由英軍負責護航。由 1930 年 4 月 1 日起，英軍把有關工作完全交由香港警察處理；同年 5 月，港府招聘了首批自行組織和訓練的反海盜隊成員，當中包括俄羅斯人、印度人（主要來自旁遮普邦）和威海衛的中國人。據查，首批 25 名俄羅斯成員主要在上海招募，他們原本隸屬於西伯利亞的反共產黨部隊，具豐富實戰經驗。到 1939 年，反海盜隊的俄羅斯成員增加至 34 人。在香港淪陷時期，有 12 名已取得英籍的白俄反海盜隊成員被日軍俘虜，囚禁在赤柱戰俘營。戰後，仍有 4 名白俄隊員繼續在警隊服務，惟反海盜隊不復重組，部份成員遂加入新成立的水警，一些則在服務期（通常為 25 年）滿後離開。[10]

東正教是俄羅斯人的宗教信仰，亦是維繫他們的重要

香港墳場內有少數俄羅斯人的墳墓。圖中中間為前香港東正教教區主教 Dimitri Uspensky 之墓，碑上刻有 "Archpriest Dimitri Uspensky 30.1.1886-17.1.1970　Vicar of the Russian Orthodox Church Hong Kong 1934-1970." 留意東正教的十字架與天主教的有所不同。（高添強提供）

元素，但本港的東正教社群到 1930 年代才形成。據查，1933 年的復活節，罕有地有過百名俄羅斯人參加；不過，他們沒有地方進行宗教崇拜，唯有借用尖沙咀的聖安德烈堂。[11] 直到 1934 年，本港的東正教教區漸漸形成。是年，Dimitri Uspensky（1886-1970）被任命為香港東正教教區主教。到 1938 年，《孖剌西報》（*Hong Kong Daily Press*）刊登了位於佐敦道十八號的東正教教堂每周彌撒的時間表。[12] Anastasia Goldin（?-1937）更被譽為戰前本港俄羅斯東正教社群的靈魂人物。[13]

　　時至今日，俄羅斯人如同其他香港的外籍族群般，擁有自己的會所，但在戰前，他們只能依附於其他會所組織，以便與一眾鄉里或各方好友聯誼。1938 年 9 月 19 日《德臣西報》報道，一群俄羅斯人代表剛成立的業餘體育協會（Amateur Sporting Association）與初級海軍隊（Navy

**RUSSIAN ORTHODOX CHURCH**

18, JORDAN ROAD, KOWLOON
The following are the services
for the forthcoming week·
Saturday, 6 p.m.
Sunday, 8.30 a.m.
Monday, July 11—6 p.m.
Tuesday, July 12—8.30 a.m.
St. Peter and St. Paul.

1939 年位於佐敦的東正教教堂的崇拜時間表。戰後，香港的俄羅斯及東歐族群假座中環某大廈單位作主日崇拜。（*Hong Kong Daily Press*）

Junior Team）進行木球友誼賽，結果以大比數落敗。[14] 眾所周知，木球是英國人的傳統，並且盛行於紐澳、南亞、非洲南部、印度等英聯邦國家（即前英國殖民地）。俄羅斯人並不擅長這項運動，但他們仍樂於參與，甚至組隊比賽，可見數目稀少的俄羅斯人正積極融入香港這個殖民社會。

　　儘管戰前居港的俄羅斯人為數甚少，卻為香港人帶來無數舌尖上的回憶，最為人熟知的莫過於羅宋湯。在香港茶餐廳大行其道的「紅湯」，源自俄羅斯人的家常美食紅菜湯（борщ，英文 Borscht），「羅宋」則是洋涇浜英語中 Russia 的拼音。羅宋湯由俄羅斯餐廳引入，但迄至 1930 年代中，俄國菜在香港仍鮮為人知。據說皇后飯店（Queen's Cafe）的創始人 14 歲隻身離開山東來到上海，1937 年中日戰爭爆發，翌年店主與白俄羅斯的同僚來到香港開設餐廳，羅宋湯就是店主當日在上海學會的其中一道俄羅斯菜。[15] 1938 年，香港的俄羅斯餐廳有六七間，包括位於尖沙咀漢口道與中間道交界的特卡琴科餐廳（Tkachenko Restaurant）。1930 年代上海法租界亦有同名的食肆：特卡琴科兄弟咖啡餐廳（Tkachenko Bro. Cafe-Restaurant）

**Chantecler Restaurant**
The dinner dance at the Chantecler Restaurant to-night, for which an extension until 2 a.m. has been secured, will be at ordinary prices, and not at $5 as inadvertently stated in the advertisement appearing to-day. The $5 charge will apply to the special gala night on December 31, when the extension will be until 3 a.m.

雄雞餐廳在戰前已供應俄國菜，是香港最享負盛名的俄國菜館之一，圖中廣告可見該餐廳 1940 年除夕晚會的收費。(*The Hongkong Telegraph*)

和特卡琴科餅店（I. P. Tkachenko Bakery），但兩者是否有關聯則尚待查證。至於在中環德輔道 22 號的 Excelsior Restaurant，以提供俄國菜作賣點，而且標榜由俄羅斯名廚主理。[16] 日治時期，俄國菜館 Balalaike 如常開業，而九龍酒店的夜總會也請來俄人 George Goncharoff 教日本官員跳舞。[17] 還有，雄雞餐廳（Chantecler Restaurant）和車厘哥夫餅店（Cherikoff Bakery）也是由俄羅斯人開設的。到 1950 年代，「抵食夾大件」的俄國菜，成為了無數香港人的至愛，而羅宋湯更是茶餐廳不可或缺的菜式。

## 註釋

1 有關十九、二十世紀的俄國、英國和香港外交關係史，詳見 Michael Share, *Where Empire Collided: Russian and Soviet Relations with Hong Kong, Taiwan and Macao* (Hong Kong: The Chinese University Press, 2007)。

2 Share, *Where Empire Collided*, pp. 22, 24;〈影藏歲月：香港舊照片展〉，香港歷史博物館，展期：2013 年 12 月 18 日至 2014 年 4 月 21 日。

3 Share, *Where Empire Collided*, pp. 23, 27, 34.

4 東清鐵路簡稱「東清路」，又名中國東省鐵路或中東鐵路，是指日俄戰爭後，清廷與沙俄帝國為共同防禦日本於 1896 年所建的鐵路。中東鐵路的起點為俄國的赤塔（Chita，今俄羅斯赤塔州的首府），途經中國境內的滿洲里（今內蒙古境內）、哈爾濱、綏芬河（今黑龍江省牡丹江市），到達俄國的海參崴，全長 2,400 公里，屬西伯利亞鐵路的其中一條支線。

5  有關兩次大戰期間俄羅斯人在中國東北和上海的歷史，見汪之成：《上海俄僑史》（上海：三聯書店，1993）；汪之成：《近代上海俄國僑民生活》（上海：上海辭書出版社，2008）；黃曉菊：〈俄羅斯人在東北：半個世紀的僑民歷程〉，《中俄關係的歷史與現實》（第二輯），2009 年，頁 208-217。

6  有關白德醫生的個人經歷，見其自述 *Light and Shade: Sketches from an Uncommon Life* (Hong Kong: Hong Kong University Press, 2009)。

7  參見 Carl Smith Collection, Hong Kong Public Record Office, Card No.: 76601, 81199, 81201, 89035, 103445, 105175, 107733, 116701, 129183, 129185, 146335, 147587, 148373, 148375, 148857, 148865, 166473, 177461, 177469, 177471, 177473。

8  一些未能辨識身份的俄羅斯難民，其墓碑只是用水喉管造成。Lim, *Forgotten Souls*, p. 528。

9  Share, *Where Empire Collided*, Conclusion.

10  有關香港的俄羅斯警察和反海盜隊，見 Iain Ward, *Sui Geng: The Hong Kong Marine Police, 1841-1950* (Hong Kong: Hong Kong University Press, 1991), pp. 106-109；何家騏、朱耀光：《香港警察：歷史見證與執法生涯》（香港：三聯書店，2011），頁 54；〈軍人加入香港警隊概況（五）〉，《警聲》，688 期（2000 年 9 月 27 日至 10 月 10 日），取自 http://www.police.gov.hk/offbeat/688/024_c.htm〔瀏覽日期：2013 年 5 月 14 日〕。

11  "Russian Community 1933," Carl Smith Collection, Hong Kong Public Record Office, Card No.: 177461.

12  "Russian Orthodox Church." *Hong Kong Daily Press.* Jul. 2, 1938, p. 3.

13  "Anastasia Goldin; Russian Orthodox Church; Constantine Golden; Majestic Theatre 1937," Carl Smith Collection, Hong Kong Public Record Office, Card No.: 103445.

14  "Russian Team Trounced." *The China Mail.* Sep. 19, 1938, p. 18.

15  平野久美子：《食べ物が語る香港史》（東京：株式會社新潮社，1998），頁 87-88。

16  "New Restaurant Opens Shortly: To Specialise in Russian Dishes." *The Hongkong Telegraph.* Mar. 23, 1933, p. 1.

17  Phillip Snow, *The Fall of Hong Kong: Britain, China and the Japanese Occupation* (New Haven, CT: Yale University Press, 2003), p. 141.

## 08

南亞裔：
警察與商人

現今所指的南亞，包括印度、不丹、孟加拉、尼泊爾、巴基斯坦、斯里蘭卡等等，但在第二次世界大戰之前，上述大部份國家被統稱為印度。「印度」最初指印度河流域的地方，其後延伸至恆河流域以及整個南亞大陸。自從十五、十六世紀，羅馬教廷把世界分開東西兩半，讓西班牙、葡萄牙各自開拓海外傳教事業，歐洲各國便陸續加入發現新大陸之旅。十七世紀以來，葡萄牙、荷蘭、英國和法國先後踏足印度，經過多番爭奪，1849 年，英國的東印度公司成功控制印度全境，涵蓋今天的印度共和國、孟加拉、巴基斯坦和緬甸。1857 年，英國政府直接控制印度，實行殖民統治。

## 處於夾縫中的族群

印度與香港先後成為英國的殖民地，進而形成了兩地的聯繫。十七世紀中葉，英國的東印度公司先後在孟買、加爾各答、馬德拉斯等地設立據點或代理。英國商人利用印度的資源，拓展其在遠東地區的生意。例如，印度出產的棉花和鴉片會送到東亞地區包括中國出售。部份印度人因此成為了英國商人的經紀、代理、守衛，並且跟隨英商來到廣州和香港。因是之故，1841年當英軍在香港島舉行升旗禮時，最少有 2,700 名印度士兵和 4 名印度商人見證此歷史時刻。[1]

戰前居港的印度人來自不同地方和種族，主要有孟買人、錫克族人（Sikhs，包括信奉印度教的和伊斯蘭教的）、信德族人（Sindhi）、尼泊爾人（Gurkha，俗稱啹喀）、巴斯人以及印度裔的猶太人。[2] 他們的職業大致可分為公務員和商人兩大類。

香港開埠之際，印度人已是殖民地政府公務員團隊的一分子。最早踏足並且見證香港割讓的印度士兵，其後被編入駐港英軍，在中環附近駐紮。剛成立的殖民地政府，無意把防衛和治安假手於華人，於是印度士兵便成為香港警察的不二之選。尤其在第二次鴉片戰爭期間，中、英兩國關係緊張，為鞏固香港的防衛能力，遂增聘大量警察。鑑於華人多涉及貪污，歐籍的退役軍人薪酬高但又不值得信賴，港府於是聘用印度人當警察。早期的印籍警察大多數是孟買的海員（Lascar），[3] 但他們漸漸沾染貪污的陋習。1862 年，警官 C. V. Creagh 來港履新，他在印度工作時曾聘用錫克族人當警察，而且合作無間，加上錫克族人在 1857 年印度的反英暴亂期間忠於殖民政府，所以 Creagh 向港府建議從印度的旁遮普邦輸入「外勞」。如是者，首批 50 名錫克族警察在 1865 年來港，1867 年再增聘 108 人。為防止錫克族人在警隊獨大，殖民地政府在 1870 年從旁遮普西部的木爾坦（Multan）、傑赫勒姆（Jhelum）等地，招

**表 8-A：十九、二十世紀香港警員的國籍（1867-1946）**

| 年份 | 1867 | 1881 | 1908 | 1927 | 1946 |
|---|---|---|---|---|---|
| 歐洲籍 | 89 | 103 | 131 | 246 | 377 |
| 印度籍 | 377 | 194 | 410 | 753 | 325 |
| 中國廣東 | 132 | 351 | 501 | 600 | 1,630 |
| 中國山東 | - | - | - | 216 | 305 |

資料來源：何家騏、朱耀光：《香港警察：歷史見證與執法生涯》（香港：三聯書店，2011），頁 33。

聘信奉伊斯蘭教的錫克族人來港當警察，並且於 1872 年起招募華籍警察，以平衡各方勢力。換言之，十九世紀香港警隊包括歐洲人、印度人和華人（見表 8-A）。

印度警察身處歐籍決策管理層和華人前線警員的夾縫中，他們能與歐籍長官溝通，但卻難以跟華人警員打成一片。從薪酬而言，歐籍警員薪金比印籍和華籍警員高出兩三倍；在十九世紀末，印籍警員的待遇又比華籍的好；迄至二十世紀，兩者的差距才收窄。從聘用印度警察管理香港治安一事可見，英國在殖民地貫徹執行種族隔離政策。[4]

儘管印度警察不可或缺，但他們的前途卻相當有限。首先，年青的印度警察服務年期有限，到期後便要離開警隊甚至回國。按規定印度警察雖然可晉升至副督察，但實際上他們的官階只能到達俗稱「沙展」的警長。[5] 雖然如此，仍陸續有錫克族人離鄉別井來港工作，因為他們大多是來自窮鄉僻壤的文盲，來港工作既可改善經濟情況，又能學習簡單的英文和廣東話。

除擔當警察外，印度人也受聘為獄吏。1841 年，英軍在水坑口登陸後，隨即成立警隊和興建中央監獄（1899 年

十九世紀的香港警察服式是白帽加上綠色制服。由於錫克族男性須包裹頭髮，故他們
不會配帶帽子，「大頭綠衣」的印度警察形象由此而來。（高添強提供）

改稱域多利監獄），因此荷李活道中央警署建築群可謂開埠初期殖民地政府的司法和執法中心。早期的監獄由警隊管理，部份印度警察被指派到監獄工作。迄至 1879 年，監獄工作從警隊分割出來，[6] 各自聘請所需的人手。錫克族人多出任獄吏和高級職務，而旁遮普邦的穆斯林人多數派往域多利監獄以及 1935 年落成的赤柱監獄工作。[7] 根據統計，1939 年監獄署聘請了 266 名印籍獄吏。

以勇猛見稱的啹喀兵，主要在二次大戰後才服務香港。1908 年，啹喀（又稱廓爾喀）的沙阿王朝被英國徹底控制，並禁止向清政府朝貢，斷絕其與滿清的藩屬國關係。由於啹喀人英勇善戰，自十九世紀初，英國的東印度公司便聘用啹喀人，其後英國徵召他們加入駐印度、緬甸的軍隊。自 1939 年起，殖民地政府開始聘用啹喀人在警隊、監獄和駐港英軍服務。[8] 到二次大戰後，錫克族人淡出駐港英軍，由啹喀兵團取代其位置。[9]

## 商人與專業人士

通曉英語的印度人，亦受聘於郵務、醫療、教育等政府部門。他們並非直接由印度來港，而是來自英國在東亞地區的殖民地，例如馬來西亞、新加坡、緬甸等。至於戰前本港的印籍教師，大部份是土生土長的印度人。基於經濟環境、社會結構和種姓制度的分別，在海外謀生的印籍專業人士多在異域落地生根，甚少回流印度。[10]

戰前居港的印度人也活躍於商界。如前所述，早在鴉片戰爭前，已有印度商人跟隨英商到廣州，他們主要來自巴斯和孟買，當中不少孟買商人（Bohra）[11]經營鴉片貿易。第一次鴉片戰爭前夕，他們的貨物被沒收，為了向英國追討賠償，不少孟買商人於是來到香港；1862年，當他們陸續取得賠款，便返回孟買或轉到其他地方經商。因此之故，十九世紀晚期在香港有名的孟買商人寥寥可數，Abdolally Ebrahim & Co. 的創辦人 Seth Ebrahim Noordin 是一特例。原本在孟買開設貿易公司的 Noordin，1841年跟隨英國東印度公司來到香港。其後，他在香港、上海、廣州設立分公司，經營茶、絲、棉花、紡織品貿易，1880年更涉足糖的買賣，是香港歷史最悠久的貿易公司。由於經常要運送貨物，公司開辦了來往中環和九龍尖沙咀的輪船服務，可說是天星小輪的前身，及至1888年輪船服務由巴斯商人 Dorabjee Nowasjee（Naorojee）接手，並成立九龍渡海小輪公司，正式開辦定期來往香港至九龍的航班。Abdolally Ebrahim & Co. 亦是滙豐銀行的老客戶之一，因為滙豐銀行在1865年開業時，該公司已開設帳戶。時至今日，Abdolally Ebrahim & Co. 已是跨國集團，業務遍及全球，除老本行的紡織之外，公司的業務還有農產、礦產、船務、食品、食具、家具和設計。[12]

相對於巴斯和孟買商人，信德族商人是遲來者。信德省（Sind Province）在殖民統治時代屬於印度西北部，直至1947年巴基斯坦獨立，才歸入巴國的版圖。有別於錫克族人守衛香港的角色，信德族人主要是專業人士、知識分子，或擅長借貸、中介、銷售等商業活動。信德族人的商業才能不及巴斯人，所以戰前較少地位顯赫的信德族商人，Wassiamull Assomull 是一特殊例子。該公司在1868年開業，但並非經營鴉片、紗線、穀物或桂皮買賣，[13]而是專注中國絲綢和珍品的貿易。

1920年代，信德族商人在香港漸漸崛起。由英國、上海和日本製造的紗線，品質高而且價錢廉宜，輕易打敗來自印度的同類產品，奪得香港以至中國的市場。從事鴉片、紡織的傳統印度商人因而遞減。同時，開發孟買為巴斯商人提供無限商機，因而來港經商者漸減，信德族商人遂代之而起，夏利里拉（Harilelas）家族就是在這段時期來到香港。夏利萊（Hari Naroomal Harilela, 1922-）的父親尼雲斯（Laraindas Harilela），在1922年離開印度到廣州經商。1929年，尼雲斯來到香港，時值世界經濟大蕭條。由於資金周轉不靈，他的生意大受影響，唯有轉行當小販，在軍營外擺賣，其後在旺角開設店舖，替英軍縫製衣物。至於夏利萊，年紀小小便為英軍士兵買報紙、雜貨賺錢，10歲轉當寫字樓見習生。二次大戰後，夏利里拉家族經營裁縫店，更進駐尖沙咀的酒店，開創了24小時服務，方便旅客訂製衣服。今天夏利里拉家族的生意已延伸至酒店、地產，而且是跨國集團。[14]

## 信仰與日常生活

戰前本港的印度族群已各自成立了專屬的團體，最普遍莫過於宗教組織。[15]戰前居港的印度人來自不同族群，信仰各異，所以在香港可找到多種與印度族群相關的廟宇和宗教團體。信奉伊斯蘭教的錫克族人，捐款籌建了香港第一間清真寺——人稱「嚤囉廟」的些利街清真寺（或「回教清真禮拜總堂」，英文 Jamia Masjid）。據香港政府的土地註冊資料顯示，由 1849 年 12 月 3 日起，港府把一塊維多利亞城的土地租借予穆斯林社群興建清真寺，為期 999 年。最初，清真寺只是一間簡陋的小石屋，及至 1870 年才獲地擴建，1890 年竣工。據說 1905 年，來自印度孟買的富商穆罕默德・哈奇（Haji Mohamed Eshaq）出資重建寺廟，只保留舊寺的尖塔，工程在 1915 年完成。[16] 二十世紀初，時計尚未普及，清真寺四周亦沒有高樓大廈，教長每天會按時派人走上呼拜塔頂部，召喚信眾前來做禮拜，據說聲音可傳至嚤囉街。戰後，擴音機和鐘錶日漸普及，加上後來的音響管制，到呼拜塔召喚信眾的傳統已改為在清真寺門前進行。[17] 清真寺旁建有兩幢分別是三層和一層高的樓房，稱為 Musafirkhana，據說在 1929 年興建，是教長的居所，亦為過境的穆斯林提供短暫住宿。二次大戰後，大批穆斯林從澳門和上海來到香港，樓房及附近的地方成為了他們的棲身之所。[18]

至於九龍公園的清真寺，最初是為附近駐守的印籍士兵而設。文物探知館的現址以及附近的香港古物古蹟辦事處儲存倉，原為英軍的威菲路軍營（Whitfield Barracks），俗稱「嚤囉兵房」，因為第二次鴉片戰爭後，大批信奉伊斯蘭教的印度士兵派駐九龍。為方便這批士兵做禮拜，1884 年在柯士甸道和彌敦道交界處（即現今尖沙咀警署）搭建臨時清真寺，並於 1902 年重修。[19] 到 1970 年代末，因進行地鐵工程令清真寺出現裂縫，所以在 1980 年拆卸，重建成現在的模樣。

錫克廟是另一個居港印度人的重要宗教活動場所。建

THIS MOSQUE WAS REBUILT
BY
H.M.H.ESSACK ELIAS
OF BOMBAY
FOUNDATION STONE LAID
15TH AUG 1915
BY MAKODA SULEMAN CURIMMAHOMED

A ABDOOLRAHIM

些利街清真寺，建於 1890 年，1905 年重建
成今天規模，是本港歷史最悠久的清真寺。
港人習慣稱之為嚤囉廟，周邊街道多以之命
名。（筆者拍攝）

於 1901 年的錫克廟，位於灣仔司徒拔道和皇后大道東交界處。早在 1880 年代，居港的錫克族人已計劃建廟，但因為他們薪金微薄，未能成事。直到十九世紀末、二十世紀初，英國為防範義和團南下，於是加強香港的防衛力量，從印度增聘大批錫克族士兵來港。有見及此，居港錫克族人遂發動籌款運動，並規定士兵、警察即使日後離港，仍需繼續捐獻。最後錫克族社群籌得超過 10 萬港幣，當中包括上海公共租界工部局印籍警察的捐款。樓高兩層、設有拱形頂部的錫克廟，在二十世紀初落成。[20] 1930 年代，隨着本地錫克族社群日漸增大，寺廟不敷應用，於是在 1938 年重建。二次大戰期間，錫克廟一度是教徒和非教徒的避難所，甚至成為地區食堂。

相比之下，印度廟則較遲興建。本港的印度社群在 1900 年已向政府申請撥地興建印度廟，但直到戰後政府才批出土地，廟宇最後在 1953 年落成啟用。印度教屬多神信仰，包融性強，所以廟內供奉了多位神祇，包括濕婆神、拉喜米等。除宗教崇拜外，印度廟也是本港印度人重要的社交場所。不論信奉哪種宗教，印度人都不時在印度廟聚集、聯誼。[21]

早期香港並沒有專為印度人而設的學校。雖然印度小孩屬外籍學童，但英皇佐治五世學校和英童學校均把印度學童拒諸門外，他們只可投考中央書院。經濟環境富裕的印度家庭，會送孩子出國讀書，或返回印度接受教育。印度籍的猶太人庇理羅士（Emmanual Raphael Belilios）曾捐出 25,000 元開辦中央女書院（即現今的庇理羅士女子中學），但該校主要收取華人女生。1890 年代，嘉道理家族

外牆粉紅色的印度廟坐落於跑馬地黃泥涌道，毗鄰為養和醫院以及巴斯墳場，廟內供奉了多個印度教的神祇。（筆者拍攝）

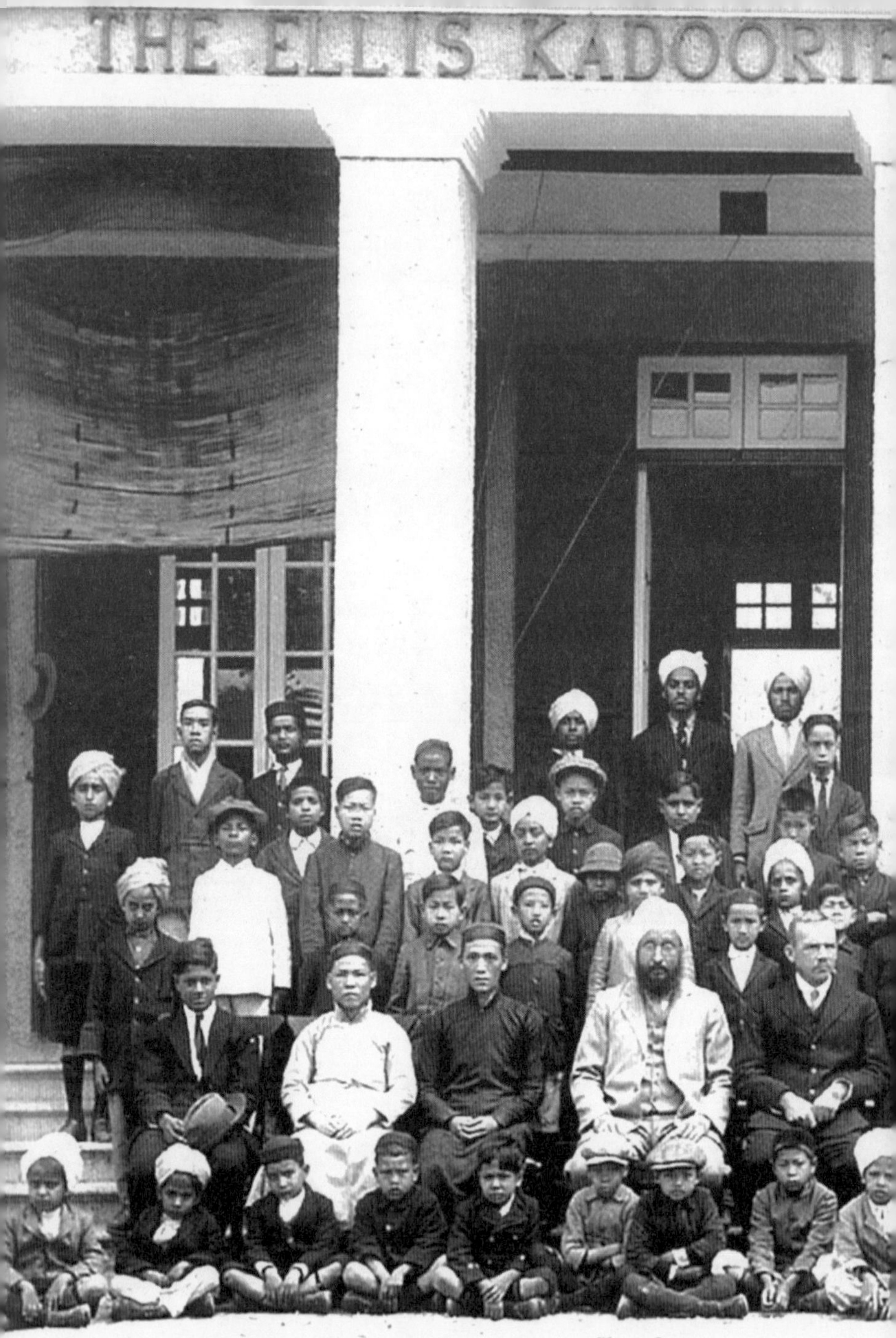
THE ELLIS KADOORIE

1916 年，位於銅鑼灣掃桿埔的艾理士嘉道理學校落成，由香港政府辦理，專門取錄印度學童。（*A Philanthropic Tradition: The Kadoorie Family*）

開辦學校，到 1916 年，學校由香港政府接辦，並開始專門取錄印度男童。[22]

在第二次世界大戰前，本港沒有統一的團體或組織為整個印度社群發聲。印度商人在 1940 年成立的香港及南中國印度協會（The Indian Association of Hong Kong and South China），可謂朝着這方向進發，並且希望進一步組織印度商會。惟在二次大戰前未能付諸實現，商會到 1952 年才正式成立。[23]

開埠初期，來港工作的印度人與華人有不少相似之處。不論華人還是印度人，來港賺錢的絕大部份是男性，到適婚年齡，便回鄉娶妻生子。當時的印度人較少舉家移民香港，這固然牽涉殖民地政府聘用印度士兵和警察的條款，印度教亦不鼓勵婦女出外。更重要的是，年長的印度人認為，唯有把妻室留在家鄉，才可保證越洋工作的子弟匯錢回家。[24] 這說明了為何在 1870、1880 年代，本港的印度人口以男性為主，婦女和小孩只佔極少數。之後來港經商的印度人，漸漸在彼邦落地生根，於是到 1890 年代，印籍小孩和婦女的數目持續增加（表 8-B）。來港工作或經商的印度人，都喜歡與家人同住，體現了印度人重視家庭的倫理觀念。除巴斯族群有明文規定反對族外婚姻，其他印度種族對與華人通婚的態度較開放。事實上，不少信奉伊斯蘭教的印度人迎娶了華籍女子為妻；相反，本地華人卻不大接受與印度人通婚，甚至當時較高級的華人妓女，也拒絕為印度人提供性服務。

雖然印度人常被視作二等公民，就算是富有的印度人也無一倖免，[25] 但從開埠到二次大戰前，不少印度人因為

表 8-B：戰前香港印度人口（1845-1931）　　　　　　　　　159

| 年份 | 男 | 女 | 小童 | 總數 |
|------|------|------|------|------|
| 1845 | 346 | 12 | 4 | 362 |
| 1854 | 193 | 50 | 85 | 328 |
| 1855 | 213 | 79 | 99 | 391 |
| 1858 | - | - | - | 215 |
| 1861 | 701 | 54 | 29 | 784 |
| 1863 | 1,014 | 139 | 115 | 1,268 |
| 1870 | 1,394 | 18 | 23 | 1,435 |
| 1872 | 264 | 10 | 14 | 288 |
| 1876 | 613 | 15 | 11 | 639 |
| 1881 | 705 | 7 | 12 | 724 |
| 1901 | 1,108 | 345 | - | 1,453 |
| 1906 | 1,690 | 378 | - | 2,068 |
| 1911 | 1,548 | 464 | - | 2,012 |
| 1931 | 3,989 | 756 | - | 4,745 |

資料來源：香港政府歷年憲報、行政報告和人口調查報告。

工作甚至保衛香港的緣故客死異鄉。以警隊為例，由成立
到二次大戰爆發前，共有 42 名警員因公殉職，其中 23 人
屬印籍警察。駐港印籍士兵的死亡人數更多。十九世紀
末，香港曾爆發鼠疫，多名信奉伊斯蘭教的印籍英軍病
逝，殖民地政府於是撥出何文田山（即現今培正學校後
面）作為臨時墳場。人稱「嚤囉園」的九龍回教墳場，建
有一所小型清真寺。到 1960 年代，政府收回九龍何文田
一帶土地興建公共房屋，於是把回教墳場搬到柴灣哥連
臣角，並在 1963 年 8 月落成啟用。[26] 第一次世界大戰期
間，英聯邦士兵和駐港英軍在香港駐防，當中不乏印籍
士兵，其中 7 人死後葬於跑馬地黃泥涌的回教墳場。[27] 另

外，英聯邦國殤紀念墳場管理委員會（Commonwealth War Grave Commission）在印度廟後的墳地豎立了印度教及錫克教火葬紀念碑（Hindu and Sikh Cremation Memorial），紀念當時在香港去世的印籍士兵。第二次世界大戰期間，除了在 1912 年成立的香港騾子兵團（Hong Kong Mule Corps），[28] 守衛香港的印度支援單位還有印度總隊醫院（Indian Hospital Corps）、印度醫療服務（Indian Medical Service）、皇家印度陸軍服務團（Royal Indian Army Service Corps）、拉傑普特團（Rajput Regiment）和旁遮普團（Punjab Regiment）。[29] 在 18 天戰鬥中，不少印籍士兵戰死沙場，或在日佔時期死於戰俘營，他們分別長眠在跑馬地的巴斯墳場和香港回教墳場。

談及本港與印度人相關的地方，又豈可不提位於中環的嚤囉街。香港開埠之初，印籍英軍駐紮於中央警署，自始，逐漸吸引了印度水手和士兵聚集在荷李活道一帶擺賣貨品。當時的華人喜歡把印度人稱為「嚤囉」，如是者，這條充斥着印度人和物的街道便稱為「嚤囉街」。開埠初年的嚤囉街，有數十名印度人居住，同時亦吸引了大批待業的印度水手暫住，駐港的印度士兵也不時留連上址，購買家鄉的產品。其後港府拍賣土地，把此處劃為印度人住宅區，形成了今天的嚤囉下街。到二十世紀初，嚤囉街一帶只餘下十多戶印度人居住，商舖亦漸轉由華人經營。1920、1930 年代，嚤囉街逐漸蛻變為售賣古董、藝術品而聞名於世的地方。[30]

1922 年英國的威爾斯王儲（即後來的英皇愛德華八世及溫莎公爵）訪港，本港的印度社群為此舉行盛大的歡迎儀式。（高添強提供）

# 註釋

1   K. N. Vaid, *The Overseas Indian Community in Hong Kong* (Hong Kong: Centre of Asian Studies, University of Hong Kong, 1972), p.15.

2   有關戰前居港巴斯人和猶太人的生活，詳見第九章和第十章。

3   在阿拉伯語和波斯語，「Lascar」原指士兵、護衛，其後來引伸為印度海員的統稱。

4   有關香港印籍警察歷史，見何家騏、朱耀光：《香港警察：歷史見證與執法生涯》（香港：三聯書店，2011）；Vaid, *The Overseas Indian Community in Hong Kong*, pp. 36-39; Barbara Sue White, *Turbans and Traders: Hong Kong's Indian Communities* (Hong Kong: Oxford University Press, 1994), chapter 7。

5   Vaid, *The Overseas Indian Community in Hong Kong*, p. 38.

6   到 1938 年，監獄署成立，1982 年改名為懲教署。

7   Paul O'Connor, *Islam in Hong Kong: Muslims and Everday Life in China's World City* (Hong Kong: Hong Kong University Press, 2012), p. 28.

8   有關啹喀的歷史，見 Christopher Chant, *Gurkhas: The Illustrated History of an Elite Fighting Force* (Poole : Blandford, 1985)。

9   Chant, *Gurkhas*, p. 142; Kwok Siu-tong, and Narain, Kirti, *Co-prosperity in Cross-culturalism: Indians in Hong Kong* (Hong Kong: Commercial Press, 2003), p. 41.

10   Vaid, *The Overseas Indian Community in Hong Kong*, p. 17.

11   「Bohra」一詞來自印度的古吉拉特語，解作貿易，意指商人遵守伊斯蘭教的規條，和平、獨立地進行貿易。

12   White, *Turbans and Traders,* pp. 74-75; Kwok and Kirti, *Co-prosperity in Cross-culturalism*, p. 27; Abdolally Ebrahim Group, http://www.abdoolally.com/index.php?target=main_1842&lang=en [date of access: Aug. 26, 2013].

13   白德（Soloman Bard）認為該公司成立於 1890 年代，見 Bard, *Traders of Hong Kong*, p. 91。

14   有關夏利里拉家族，見 White, *Turbans and Traders*, pp. 184-185；《夏利里拉家族》，《香港百人》，監製梁家榮，香港亞洲電視新聞部，播放日期：2011 年 4 月 11 日，DVD，25 分鐘。

15   除宗教團體外，還有會所及遊樂會，例如，1867 年成立的印度遊樂會、1924 至 1925 年間成立的九龍印度網球會等。

16   丁新豹主編：《香港歷史散步》（香港：商務印書館，2008），頁 128-134。

17   據王教長說，隨着智能手機的普及，不少香港的穆斯林會下載禮拜應用程式（App）作提示。

18 《我們的嚤囉廟》,《香港故事 2010》,監製陳志璇,香港電台電視部,播放日期：2010 年 5 月 31 日,VCD,22 分鐘。

19 White, *Turbans and Traders,* p. 60.

20 White, *Turbans and Traders,* p. 96; Gulbir Singh Batra, *Sikhs in Hong Kong* (Hong Kong: Sri Guru Gobind Singh Educational Trust: Khalsa Diwan [Sikh Temple], [2012]), pp. 93-94; Khalsa Diwan (Hong Kong) Sikh Temple, http://www.khalsadiwan.com/links.htm [date of access: Aug. 24, 2013].

21 White, *Turbans and Traders*, pp. 146-156.

22 Kwok and Kirti, *Co-prosperity in Cross-culturalism*, pp. 31, 34.

23 David Faure, ed., *Society* (Hong Kong: Hong Kong University Press, 1997), chapter 3.

24 Vaid, *The Overseas Indian Community in Hong Kong*, p. 26.

25 時至今日,仍有不少香港人稱呼印度人為「嚤囉差」或「阿差」。2010 年,有中西區區議員基於反歧視條例,認為「嚤囉」是侮辱印度人的稱呼,建議地政署建議更改與嚤囉有關的街道名稱。事件引發政府、傳媒、網絡以至文化人對「嚤囉」一詞尋根究底。大體而言,「嚤囉」是古代對來華的阿拉伯穆斯林商旅的稱呼,十六世紀葡萄牙人管治澳門時,已有華人把當地的穆斯林稱為嚤囉。至於「阿差」一詞,有指是來自梵文「achcha」,意思是智者。亦有指早期來港的印度人多數充當警察,而警察又俗稱為「差人」,所以就出現「嚤囉差」的稱呼。儘管今人引經據典指「嚤囉差」一詞不涉及種族歧視,惟使用此類稱呼時,應多考慮對方的感受。

26 White, *Turbans and Traders*, pp. 60-61.

27 該回教墳場建於 1870 年。

28 香港騾子兵團隸屬皇家印度陸軍服務團（Royal Indian Army Service Corps）,屬於運輸兵種,負責在山區或汽車無法抵達的地區搬運重型槍炮。由於華人苦力薪金較高,所以英軍僱用印度人作兵團成員。White, *Turbans and Traders*, pp. 30-31。

29 拉傑普特團（Rajput Regiment）和旁遮普團（Punjab Regiment）均隸屬皇家香港軍團（The Royal Hong Kong Regiment）,即後來的香港義勇軍。Hong Kong War Diary, http://www.hongkongwardiary.com/searchgarrison/indianunits.html [date of access: Dec. 27, 2013]。

30 饒玖才:《香港的地名與地方歷史（上）——港島與九龍》（香港：天地圖書有限公司,2011）,頁 64-69。

## 09

以香港為安身
立命樂土的
猶太人

　　猶太人是一個古老的民族，從公元前 63 年猶太民族
建立的最後一個國家被羅馬帝國吞併，至以色列立國的兩
千多年以來，他們沒有自己的國家，常因遭受歧視或迫害
而顛沛流離。長年累月寄人籬下，但這不單沒有減低了他
們的民族身份認同，反而把他們磨練得更堅忍，凝聚力更
強。猶太人精於計算，長袖善舞，是天生的商人，故往往
能在寓居地脫穎而出，成為社會上的領袖人物，香港的猶
太人也不例外。

## 香港猶太人的由來

　　猶太人可大致區分為賽法迪（Sephardic Jews）與阿什
肯納茲（Askanazi Jews）兩大族群。[1] 前者生活在中亞，如
伊拉克、伊朗等地；後者則定居於歐洲。香港的猶太社群
中，十九世紀中晚期遷港的，大多來自中東巴格達等地。
他們主要是看中了在英國管治下的香港發展商貿的優勢，
挾資金來港，運用其營商謀略，經數十年的打拚而建立商
業王國，沙宣、庇理羅士及嘉道理家族屬此類。在十九世

紀末及二十世紀初，定居歐洲及蘇俄的阿什肯納茲猶太人，屢受歐洲的政治運動打擊，因香港局勢安定，對他們沒有歧視政策，乃來此避難，其中以來自蘇俄的佔多數，他們中不少是專業人士，屬第二波遷港的猶太人。

## 居港猶太人人口統計

據本地猶太人的研究，在 1850 年代香港的猶太社群經已成型，這大致可信。因據施其樂的研究，一些猶太人在香港開埠不久已來港發展。[2] 按照香港的商業年鑑的資料，在 1859 年有 15 名猶太商人及僱員；1862 年增至 20 名。而早在 1855 年猶太人已在黃泥涌村背後買地闢設墳場，並於 1870 年成立了第一間猶太教堂（內陸地段 114，即些利街與荷李活道交界處）。香港已有一定數目的猶太人在此生活，彰彰明甚。

但在本港的人口登記記錄中，首次有猶太人的記錄是 1871 年，[3] 有 46 名；另居港美國人中有 19 名是猶太裔，合共 65 人。1881 年是 71 名，其中 22 名是歐洲人，49 名是亞洲人。到了世紀末的 1897 年，猶太人增至 163 名，其中男性 106 名，女性 57 名。猶太人人口在 1880 及 1890 年代有所增加，據知是因為東歐一些國家掀起一陣排斥及壓制猶太人風潮，部份猶太人逃到香港來。1911 年，猶太人增至 231 名，其中男性 136 人，女性 95 人。1921 年，猶太人略減為 129 名（男 66；女 63），男女比例較均衡。說明在踏入二十世紀後舉家而來的較多，與較早時間明顯不同。很可惜，我們沒有 1921 年以後的詳細人口記錄，無從分析其後的人口變化及結構。而且猶太人是一個族群的稱謂，他們可能屬於不同國家的國民，所以要查找出猶太人的準確數字十分困難。

在十九世紀四五十年代來港的猶太人以賽法迪支的人為多，他們來自印度的孟買或加爾各答，祖居中東，部份在港建立商業王國。第一波來自歐洲的阿什肯納茲猶太人在 1880 及 1890 年代受到俄羅斯及東歐若干國家反猶思潮與暴力排猶運動的迫害及驅逐出境，逃亡來港。這些人的背景、語言及經濟水平均與前者大不相同，這批人品流複雜，部份略有資金的便在港開設小型旅館或餐館，部份女子更以賣笑為生。警察的報告中不時提到有猶太人在街頭發生爭執打鬥，行為不檢，使在香港已建基立業，擁有崇高社會地位的賽法迪猶太人深感尷尬。

1905 年日俄戰爭前後，有不少猶太人因受到集體迫害而移居中國的哈爾濱和上海。1917 年俄國「十月革命」後共產黨上台，猶太人更成為被針對對象，大批猶太裔俄羅斯人從西伯利亞避居中國，上海成為中國猶太人口最多的城市，少部份移居香港。比方本港著名的考古學家、中樂團指揮白德博士（Dr Solomon Bard）一家便是在 1924 年 6 月離開蘇聯定居哈爾濱，白德偕兄長在 1932 年聯袂到上海繼續學業，並在 1934 年入讀香港大學，但其父母卻定居在上海。白德的妻子也是俄籍猶太人，亦是隻身來港大讀書，家人在上海，[4] 這大概是普遍情況。直至二戰爆發，在納粹德國的殘酷迫害下，約有 2 萬猶太人逃離德國及中歐，大部份避居上海，[5] 也有部份移居香港。1949 年中國共產黨取得政權，外國人紛紛離去，部份人經香港移居海

奧莉亞猶太教堂內貌，中央位置是升高的經壇，是拉比誦經的地方，遠方是聖壇，聖櫃內放置着猶太經文，留意其燭台可插七枝蠟燭，代表猶太族人的七個分支。（筆者拍攝）

猶太教拉比與其背後的聖壇，內存放猶太經文。（筆者拍攝）

圖中的經筒內放置猶太教經文，經文均以人手畢恭畢敬地抄寫，稱為 Torah，奧莉亞教堂存放的一些經卷，已有逾百年歷史。（筆者拍攝）

外，部份人定居下來，故戰後居港的猶太人數目遠比戰前為多。

## 猶太商人與商行

猶太人具有敏銳的營商觸覺，香港甫開埠，英籍的猶太人雅各‧菲立斯（Jacob Phillips）便自伯明翰來港夥拍另一商人班治文‧摩爾設立商行，[6] 直至 1868 年結業。另一個先行者是撒母爾‧高漢，他在 1844 年抵港，居留兩年後，再轉往上海發展。

但在十九世紀來中國營商的猶太商人中，無論財力及公司的規模，以及在華的知名度，首推沙宣家族。[7] 沙宣洋行（David Sassoon Sons & Company）的創辦人大衛·沙宣是孟買的殷商。1844 年，他遣派二子艾利斯·沙宣（Elias Sassoon）往廣州設立商行。翌年，在香港開設分行；未幾，其兄長鴨都拿（後稱阿爾拔沙宣；Abdullah, later Sir Albert Sassoon）亦東來加入廣州的商行。他們從事鴉片貿易，獲利甚豐。1850 年艾利斯在上海建立基地，除鴉片外，還從印度輸入棉花、棉布及金屬；並從中國輸出生絲、茶葉及皮革。

1873 年，沙宣洋行在鴉片貿易中獨領風騷，家族中的弟弟魯賓（Reuben）、阿瑟（Arthur）、所羅門（Solomon）及腓得力（Frederick）輪流管理香港的商行。沙宣兄弟成為香港猶太社群的中堅分子。1855 年，魯賓買下黃泥涌農地作墳場，1869 年所羅門購入內陸地段 114 號作猶太廟；其後史丹頓街以及後來的猶太廟均為沙宣家族的物業。沙宣兄弟在香港，特別是中區，廣購物業，舉足輕重。阿瑟是滙豐銀行的籌備委員之一，而腓得力在 1884 年獲委為立法局議員。家族的領袖大衛·沙宣在 1864 年去世後，其位置由長子鴨都拿（阿爾拔）繼承。在他的領導下，沙宣洋行取得長足發展。蘇彝士運河的開通促進了東西方貿易，沙宣洋行在印度開設船塢，盡得其利。阿爾拔在 1890 年去世，生意由愛德華繼承。

1867 年，最早來中國開拓貿易的艾利斯毅然辭去大衛沙宣洋行之職，另起爐灶，在孟買成立 ED Sassoon & Co.（新沙宣洋行），並遣派其子雅各（Jacob）往上海及香港設立分行。他們洞悉先機，估計鴉片貿易已屆夕陽，乃大力投資地產、航運及銀行，並由其弟愛德華（Edward）及米亞（Meyer）打理上海及香港之生意，與沙宣洋行競爭。1902年，三兄弟捐資成立猶太廟，並以奧莉亞（Ohel Leah）命名，以紀念亡母。兩個分支的沙宣家族均長期任滙豐銀行的董事，但隨着上海的地位超越香港，沙宣家族的生意逐漸轉往上海，組建成上海、孟買及英國的貿易網

圖中所見是猶太殷商庇理羅士的府第 Kingsclere，建於 1872 年，位於纜車軌旁，即後來的堅尼地台附近；庇理羅士在山頂還有一幢別墅名 Eyrie，毗鄰港督的山頂別墅。（高添強提供）

絡。沙宣洋行在 1935 年關閉了其在中國的出口部門，並於 1956 年撤離香港，新沙宣洋行在 1920 年改組為有限公司，並於兩年後與亞諾公司（Arnold Karberg & Co.）合併。

庇理羅士（Emanuel Raphael Belilios）出生於加爾各答一個從事鴉片買賣的富商之家。[8] 1862 年來到香港，成立庇利羅士洋行（E. R. Belilios & Co.）。未幾，成為香港有數的鴉片商。庇利羅士在 1868 年被委為滙豐銀行董事，在 1876 被推為主席。在 1880 年代，庇利羅士大力投資地產業，並在堅尼地道興建豪宅 Kingsclere。又在皇后大道中興築了具古典風格的柏拱行（Beaconsfield Arcade），以英國首相狄士累利（Benjamin Disraeli；又名 Lord Beaconsfield）命名。

此外，庇理羅士亦在山頂港督別墅旁興建花園洋房 Eyrie，豢養了不少珍禽異獸，包括一隻駱駝。庇利羅士從 1881 至 1890 年是立法局議員，他對教育事業特別關注，1889 年捐資 25,000 港幣設立庇利羅士女書院，並設立了若干個為中學生而設的獎學金。他熱心社會公益，獲英國頒賜 CMG 銜；1901 年移居倫敦，並於 1905 年在該地去世，他的妻子及兒子死於香港，葬在猶太墳場。

十九世紀來港發展的猶太家族，現今已幾乎蕩然無存，只有嘉道理家族至今仍以香港為家，繼續發光發熱。[9] 嘉道理家族來自巴格達（Bagdad），是當地的望族。1880 年，埃利（Elly）經孟買來港，任職於新沙宣洋行。三年後，其弟伊利斯抵港，兩人均當經紀，其中埃利夥拍沙宣班治文及喬治樸斯成立了 Benjamin, Kelly & Potts，生意漸上軌道。1911 年，舉家遷往上海，埃利憑藉販運馬來亞橡

勞倫斯及賀瑞斯‧嘉道理兄弟在中華電力有限公司管理層陪同下視察
鶴園發電廠，左起第三人是兄長勞倫斯，其左邊是賀瑞斯，兩兄弟畢
生合作無間，無分彼此，且均熱心公益，廣受推崇。（*One Hundred
Years of Kadoorie Business Records at a Glance*）

膠賺了不少錢，其後他主要投資工業生產。伊利斯則重
點發展香港的生意，成為香港大酒店有限公司的大股東
（Hongkong and Shanghai Hotel & Company）；並投資中華
電力有限公司（China Light and Power & Co.）。嘉道理昆
仲均熱心公益，在伊拉克、波斯、敘利亞、上海和香港各
地均捐資建立學校、醫院，造福當地人民，兩人皆先後獲
頒賜爵士銜以作獎勵。

　　埃利育有兩子，分別是勞倫斯（Lawrence）及賀瑞斯
（Horace）。勞倫斯在未完成法律課程前便須充任其父成立
的 Elly Kadoorie & Sons 的副手。1922 年伊利斯去世，由勞
倫斯繼承香港大酒店有限公司主席之位。1941 年聖誕，香

港淪陷，勞倫斯一家與父埃利被拘留於赤柱集中營，其後家族被遷往上海閘北監獄，埃利獲准與賀瑞斯居於營外。但埃利在 1944 年去世，其家產由兩子繼承。戰後，兩兄弟（及勞倫斯的兒子）攜手把名下業務發展推上高峰。另一方面，嘉道理家族致力各種慈善工作，廣受讚揚。

據白德博士的研究，在香港的猶太人開設的商行還包括猶德洋行（Judah & Co.）、艾思那（N. N. J. Ezra）、古庇洋行（Gubbay & Co.）、摩西洋行（Moses & Co.）、若舒亞古庇洋行（Joshua, Gubbay & Co.）等，舖址均在中環。

香港部份猶太家族在十九世紀末已富甲一方，踏入二十世紀，其中兩個最顯赫的家族：沙宣及嘉道理先後斥資成立猶太教堂和猶太遊樂會。[10] 早在 1870 年，居港猶太人已在荷李活道的東南角與些利街交界處成立一間猶太教堂，後來人漸多，不敷應用；1881 年遷到史丹頓街北面，在嘉咸街及卑利街之間。這幅地皮乃沙宣家族所擁有。踏入二十世紀，隨着香港猶太人的增加，雅各·沙宣斥資買下羅便臣道地土地，興建一所全新的猶太教堂，並命名為奧莉亞，以紀念其亡母。這所教堂按照賽法迪傳統興建，是百多年來居港猶太人每周禮拜及舉行重要儀式的地方。

## 消閒與會所

1905 年，香港的猶太人成立了猶太遊樂會，以促進居港不同國籍及文化背景的猶太人的聯誼，並提供一個消閒的場地。1909 年埃利·嘉道理斥資建立新會所，內有網球場、羽毛球場、保齡球場、橋牌室等，一應俱全。除周六安息日外，均開放予會員享用。在 1930 年代這裏是居港富有猶太人社交的中心。在歐戰爆發後，來港逃難猶太人大增，這地方曾用作臨時安頓難民的場所。日佔時期，猶太遊樂會的設施受到嚴重破壞，戰後重建新會址。

## 從猶太墳場的塋墓看猶太人的流徙

猶太人墳場是 1855 年艾利斯・沙宣從黃泥涌村民手中購入土地設立的。1857 年他們獲政府批出土地，同年出現了首個入葬例子。至十九世紀末，該墳場大概有 60 個墓。1904 年獲香港歷史上唯一一位猶太裔港督彌敦批准擴大墳場的範圍。就刻有出生地的墓碑作一粗略統計，在二次大

猶太墳場內嵌在牆上的刻石，以希伯來文書寫，上有 1855 年，即墳場闢設年份。（筆者拍攝）

猶太墳場是港島第一個私人墳地，
艾利斯·沙宣從黃泥涌村民手中購
入，並開闢為墳場，最早入葬的年
份是 1857 年。（高添強提供）

戰前入葬的，除包括來自巴格達、孟買、亞歷山大港、阿立布（Aleepo）、加爾各答等地的賽法迪猶太人外，還有來自俄羅斯、拉脫維亞、烏克蘭、波蘭、羅馬尼亞、德國、英國、法國、君士坦丁堡、奧地利、悉尼和韓國等地。他們可能是阿什肯納茲猶太人，大部份在十九世紀末卒於香港，年齡以 30 至 50 歲為多，正當壯年。墓碑上有希伯來文、德文、英文、俄文和法文，少量採用了波斯及阿拉伯的數字，正反映了這些猶太人來源之多元化。

這些人中，包括了庇理羅士的兒子大衛（David）、妻子施馬（Sema）及 R.E. Sassoon 的妻子、庇理羅士的掌珠 Regina、商人魯賓・所羅門・雅各伯（Reuben Solomon Jacob）、威廉・魯道夫・蘭史坦（William Rudolf Landstein）及猶太商行 N. N. J. Erza 的東主、Nissim Joseph 之父 Elias Ezehil Erza、母 Sarah Catherine、妻 Mozelle 及幼女 Dinah，均在香港定居或居留多年，有跡可尋，從墓碑中我們可以追溯到一些家族的遷徙過程。

Mayer Nachem Weinberg 在 1866 年出生於埃及的亞歷山大港，1901 年卒於香港。其父母均葬在香港，其父 1835 年生於當時屬俄羅斯的立陶宛的首邑維爾紐斯（Vilnus），1903 年在港去世。P.M. Papier 在 1844 年生於俄羅斯 Berdichef，其女 Emily 生於君士坦丁堡，父女均卒於香港。從這些塋墓所得資料，我們發現十九世紀下半葉，香港的猶太人主要來自中東、俄羅斯及東歐，其中俄羅斯及東歐的猶太人的到來應與排猶運動息息相關。香港猶太墳場內葬了 4 個來自羅馬尼亞的猶太人。十九世紀時羅馬尼亞屬信奉伊斯蘭的奧斯曼帝國的一部份，猶太人飽受歧視，間或遭迫害，發生過多次屠殺猶太人事件。1880年當地政府通過法例，沒有政治權利的人不允許就業，沒有國籍的羅馬尼亞猶太人變成無業遊民，乃大量流徙往外地，[11]部份遷移到香港來。

墳場內葬了不少來自俄羅斯的猶太人，部份來自今天的俄羅斯，部份來自當時屬俄國管轄的波蘭、烏克蘭及立陶宛。俄國國王亞歷山大二世在1881年被刺遇害，俄國政府及民眾堅稱是猶太人所為，從1881至1884年，俄國各地，尤其東歐，爆發大規模的反猶太人暴動。繼位的亞歷山大三世不單坐視不理，還助紂為虐，推行迫害猶太人的措施，大量俄國的猶太人乃移居外地，[12]大部份去了美國。安葬在墳場內的，出生於1830至1840年代，卒於二十世紀初，來自俄羅斯的猶太人可能是這一波被迫害移居來港的。

戰前香港的猶太人，尤其是賽法迪族群，長袖善舞，數十年間便在香港建立起商業王國，生意往往橫跨上海、香港、南亞及中東，富可敵國。作為來自外地的非英國人，他們主動投入本地的歐洲人的社交生活，包括會所、賽馬等，濡染了英國人的生活方式，又積極與港英政府打交道，多人更獲委為立法局議員（如腓得力、沙宣、庇理羅士等）。而因慈善捐獻及社會服務而獲授爵士，甚或勳爵銜的更是所在多有，尤其是沙宣及嘉道理家族更成為一種傳統，到後來沙宣家族大多移居英國，逐漸融入當地的主流社會。只有嘉道理家族落地生根，嘉道理家族的歷史已成為香港歷史的一部份。

# 註釋

1　見 Jewish History, Wikipedia。

2　香港早期猶太社群之來源及在港的經濟活動及社交生活詳見 Carl Smith, "The Early Jewish Community," Carl T. Smith, *A Sense of History: Studies in the Social and Urban History of Hong Kong* (Hong Kong: Hong Kong Educational Publishing Co, 1995), pp. 398-413; Dennis A. Levanthal, *The Jewish Community of Hong Kong: An Introduction* (Hong Kong: Jewish Historical Society, 1988, revised edition); Caroline B. Pluss, *The Social History of the Jews of Hong Kong: A Resource Guide* (Hong Kong: Jewish Historical Society, 1999)。

3　*Report on the Census of the Colony of Hong Kong*, 1871, 1881, 1897, 1911, 1921.

4　白德醫生的早年經歷詳見其自述 Solomon. M. Bard, *Light and Shade: Sketches from an Uncommon Life* (Hong Kong: Hong Kong University Press, 2009)。

5　〔意〕基姬拉・貝塔：〈上海的邊緣西方人：巴格達猶太人社團（1845-1931）〉，載熊月之等：《上海的外國人，1842-1949》（上海：上海古籍出版社，2003），頁 243-260。

6　Bard, *Traders of Hong Kong*, pp. 92-95; Wright, *Twentieth Century Impressions of Hong Kong*, pp. 224-227.

7　沙宣家族見 Judith Green, "Sassoon, Sir Albert David," "Sassoon, Elias David," "Sassoon, Sir Jacob Elias," *Dictionary of Hong Kong Biography*, pp. 383-385。

8　庇利羅士見 Judith Green, "Belilios, Emanuel Raphael," *Dictionary of Hong Kong Biography*, pp. 24-25。

9　嘉道理家族見 Judith Green, "Kadoorie, Sir Elly," "Kadoorie, Sir Ellis," "Kadoorie, Lawrence," "Kadoorie, Sir Horace," *Dictionary of Hong Kong Biography*, pp. 216-218。

10　有關奧莉亞猶太教堂詳見 Kate McDougall and Bruce Pettman, *The Ohel Leah Synagogue, Hong Kong: Its History and Restoration* (Hong Kong: Jewish Historical Society, 2001); Dennis A. & Mary W. Levanthal, eds., *Faces of the Jewish Experience in China* (Hong Kong: Jewish Historical Society, 1990)。

11　見 History of the Jews in Romania, Wikipedia。

12　見 History of the Jews in Russia, Wikipedia。

10

少數族裔中的少
數族裔：巴斯人
與阿美尼亞人

　　香港人口中除了有英、葡、法、德、日、南亞裔等族裔外，還有一些人數更少的種族，可稱之為少數族裔中的少數族裔。他們人數雖少，但財力在俄、葡人之上，與英、德等種族不遑多讓，個別人士更有過之而無不及，社會地位也可與歐美人士比肩，其中更出現過一些家喻戶曉的人物。他們對香港的貢獻，絕不亞於其他族群。他們包括巴斯人（Parsee）、猶太人（Jew）及阿美尼亞人（Armenian），上一章已談過猶太人，下面介紹巴斯人及阿美尼亞人。

## 香港巴斯人的由來

　　香港的巴斯人，大多來自印度西岸的孟買，他們祖籍波斯（今伊朗），世代信奉瑣羅亞斯德教（俗稱拜火教）。[1] 在七世紀，大食人滅掉波斯的薩珊皇朝，逼迫波斯人改信伊斯蘭教。一些不願就範的波斯人乃在八至十世紀浮海逃難至印度西海岸，聚居在孟買附近，採用了當地的古吉拉特（Gujurati）語，但仍不忘前朝，習用薩珊皇朝的紀元（比

祆教又稱拜火教,他們視火為神聖,故在巴斯人的廟裏聖火長燃,香港祆教火廟位於普樂施大廈裏,這裏是本地巴斯人禮拜及聚會之地,祭司是世襲的,香港的祭司由孟買指派,照片中祭司在料理聖火。(筆者拍攝)

方,香港的巴斯墳場正門便分別刻上公元 1852 及他們習用的紀年 1222 年),並保存了不少獨特的習俗(包括族內通婚及天葬)。[2]

## 長袖善舞的巴斯商人

他們長袖善舞,在印度西海岸擁有不少船隻,是孟買最有勢力的商賈。英國東印度公司在印度開拓市場,得巴斯人之助而成為貿易夥伴。十八世紀英國東印度公司到廣州進行商貿活動,一些巴斯商人亦隨之而來,廣州和澳門均可見到他們頭戴黑冠,身穿白袍的身影。1837 年的《中國叢報》記載已有為數不少的巴斯人在廣州營商,貿易季節過後便轉往澳門，他們主要是與英商合夥從英屬印度販賣鴉片來華。隨着 1830 年代鴉片入口大幅增長，巴斯商人獲利甚豐。其中詹塞治・芝治寶（Jamsetjee Jeejeebhoy）與剛成立的怡和洋行合作無間，長袖善舞，更因熱心慈善而獲封爵士之位。廣州黃埔及澳門松山山麓的巴斯人墓地，正是巴斯人曾在廣州及澳門活動的明證。[3]

　　1841 年 1 月 26 日英軍佔領香港島；同年 6 月，在澳門舉行首次港島土地拍賣，有四位巴斯商人購入了七幅沿海地皮，包括 D・律斯敦治（D. Rustonjee）、H・律斯敦治（H. Rustonjee）、P・高華治（P. Cowasjee）、F・詹塞治（F. Jamsetjee）。隨着香港營商條件漸備，巴斯人陸續定居香港。[4] 1845 年 7 月港督德庇時在向殖民地部大臣的匯報中提到：「我很高興地向你匯報，一群善於營商並曾在廣州經商的巴斯人，有鑑於香港所具備的良好優勢，已移居本港。」[5] 在 1860 年的《香港年鑑》中列出香港有 73 間洋行，其中有 17 間是巴斯人開設的，以居港巴斯人人口之少來看，這個比例一點不低。1864 年香港上海滙豐銀行的籌組委員會中有兩位是巴斯商人，其經濟實力可見一斑。

　　香港的巴斯社群中，十居其八九是商人，其中歷史較悠久、規模較大的包括高華治・巴倫治洋行（Cowasjee Pallanjee & Co.）、敦治寶・律斯敦治洋行（Dhunjeebhoy Rustonjee & Co.）、多拉治・那路治洋行（Dorabjee Narojee & Co.）、法蘭治・詹塞治洋行（Framjee Jamsetjee & Co.）、麼地（H. N. Mody）、巴士敦治・高華治（Pestonjee Cowasjee）、律敦治（H. Ruttonjee）及他拉地（F. M. Talati）等。

高華治‧巴倫治洋行是本地巴斯人開辦的商行中最早的其中一間，其創辦人巴倫治早在 1794 年已於廣州創立此洋行，十分成功。鴉片戰爭爆發，他轉往澳門繼續業務，1841 年把公司遷到香港，但巴倫治在翌年病逝於濠江，卜葬於澳門白頭墳場。其繼任人在港大展拳腳，公司主要經營中國絲綢及印度鴉片與棉花的出入口，後來成為本地主要的棉紗批發商，店設於史丹利街 22 號。後遷結志街，再遷大道中，該洋行在一戰後漸走下坡路，在 1920 年代結業。

　　敦治寶‧律斯敦治在首次土地拍賣中購入海濱地皮 10 號，在香港開埠伊始便來港發展。在 1859 年的年鑑中他名列經紀，1863 年列為商人及經紀，店設擺花街，在 1867 年他放棄了經紀之位，專職營商。

　　多拉治‧那路治‧米地華拉（Dorabjee Narojee Mithaiwala）在 1852 年從孟買來港。[6] 起初任職於都嗲利洋行，1863 年自行開設麵包店，並與軍部簽訂合約，為其提供所需食品，其公司業務蒸蒸日上，更投資酒店業。在 1870 年，他在港島及九龍擁有數間高級酒店。他對香港最大的貢獻是在 1880 年開辦了來往港九兩地的渡海小輪，名為九龍渡海小輪公司，擁有四艘小輪。後來遮打接手發展為天星小輪。在香港居住半個世紀後米地華拉告老回鄉，並於 1904 年去世。

　　何穆士治‧那路治‧麼地（Hormusjee Narobjee, Mody）是戰前香港芸芸巴斯商人中成就最高、貢獻最大的一位。[7] 他在 1858 年來港，起初在一間小規模的本地公司任文員，未幾自立門戶。其商行以營銷鴉片為主，眼見

何穆士治‧那路治‧麼地是香港巴斯族群中首屈一指的代表人物，他是長袖善舞的商人，更是公認的慈善家，最為人稱道的是響應港督盧伽的呼籲帶頭捐獻巨資興辦香港大學。（高添強提供）

鴉片貿易行將被取締，他改而進軍股票債券，收穫甚豐，乃與遮打合組遮打麼地洋行（Chater & Mody），成為香港一間舉足輕重的商行。麼地對九龍之發展十分樂觀，在尖沙咀一帶購入大量土地，興建房屋。今天尖沙咀麼地道乃以他的姓氏命名。他也是位於覺士道的九龍木球會的創會會長。麼地對香港最大的貢獻，是響應港督盧伽之號召，捐贈巨資以興辦香港大學。他出席了大學本部大樓的奠基禮，卻在 1911 年去世，未能目睹大學落成。為表揚他對香港的種種貢獻，英廷在 1910 年頒予其爵士勳位。

法蘭治‧麥雲治‧他拉地（Framjee Merwanjee Talati）在 1827 年抵廣州營商，香港開埠後迅即在香港設立分公司，經營珠寶、絲綢、藥品、五金等，生意網絡遍及歐、非及西亞。1868 年老他拉地去世，生意由兩子繼承，其中 M‧P‧他拉地主管香港的生意，店設威靈頓街，M. P. 是本地巴斯社群的領袖。

何穆士治‧律敦治（Hormusjee Ruttonjee）在 1884 年自孟買抵港。[8] 起初在本港及廣州的洋行打工，1891 年自立門戶，成立食品公司，店設擺花街，後遷德己立街。1913 年律敦治把生意交給其子 J‧H‧律敦治，公司業務轉向出入口、地產、代理商等多元化發展，大放異彩，在第一次世界大戰結束時已成為香港有名的家族企業。律敦治家族成員有不少出任公職，而且樂善好施，其中第三代的鄧（Dhun）‧律敦治更在防癆工作上貢獻良多，律敦治肺病療養院便是他斥資創辦的。

　　除上述規模較大的洋行外，根據白德博士的研究，活躍於十九世紀下半葉的巴斯商人或洋行還有接近 30 間，大部份設於中環的荷李活道、卑利街、歌賦街、結志街、威靈頓街一帶，但似乎大部份在二十世紀初已結業。這與 1921 年人口統計表上指出的，「本港現有的巴斯人的商行寥寥可數，這個曾叱咤一時的族群正迅速消失」完全吻合。[9] 在踏入二十世紀後巴斯商人在商業上的重要性日減與其從事的貿易接連遭受打擊有關，先是印度鴉片被禁，接着是日本和華北大量生產棉紗疋頭，造成從印度輸入這類貨品變得無利可圖。此外，正如在香港居住多年的 R‧巴斯敦治（R. Pestonji）在 1957 年回顧其族人在香港的歷史時指出：「踏入二十世紀，華商已建立起與東南亞的商貿網絡，巴斯商人的優勢不再，既然早年已在香港獲取財富，正好衣錦還鄉，告老歸田。」[10]

## 居港巴斯人人口統計

　　居港的巴斯人人數不多，據知在 1877 年有 74 名，1881 年增至 91 人，但影響力卻不容忽視。在 1858 年數十間外國商行聯署要求港府把律師和大律師兩職業合併為一，以方便營商，聯署的 53 間商行中，有 11 間是巴斯人開設的，數目僅次於英國商行。在十九世紀末，巴斯人註冊了兩個非牟利的社團組織，分別是瑣羅亞斯德會和巴斯教堂及會所。巴斯人在港最早的會所在中環伊利近街。巴斯會所原於 1874 年成立，在 1931 年遷至禮頓道現址。原為一所兩層高獨立屋，後改為三層，今已重建為普樂施大廈。

## 巴斯墳場

在跑馬地馬場側原有一大片土地用作休閒之用，這裏有巴斯人專享的巴斯木球會（1897）。巴斯人在香港的另一特權是，他們是繼英國人、愛爾蘭人（也包括葡人）之後第三個獲港府撥地興築墳場的族群。[11] 巴斯人傳統上是奉行天葬的，在孟買建有天葬用的高台（tower of silence），但他們來到中國後改行土葬，在黃埔及澳門皆有巴斯墓

巴斯人在定居本港不久，便向港府提出批地建墳場之要求，至 1852 年終獲批毗鄰香港墳場地建設墳場，足見其與英人關係之密切。（筆者拍攝）

巴斯墳場裏的一批十九世紀舊墓，死者多是
商人，活動於十九世紀七八十年代，大都來
自孟買。（高添強提供）

這是巴斯墳場裏用以放置去世者遺體的石床，傳統上祆教徒
奉行天葬，但在華南地區，他們入鄉隨俗，改行土葬，但仍
保留了不少如犬視（牽引狗隻在遺體前凝視，是祆教一種很
古老的傳統）等古老習俗。（筆者拍攝）

園。香港的巴斯墳場位於跑馬地香港墳場右側，象徵着他們與英人的緊密關係。

墳場建於 1852 年，其內屬於戰前的塋墳約有 50 座，大部份是花崗岩打造，呈石棺形，碑文一面是英文，另一面是古吉拉特文，既用公元，也用薩珊王朝紀年，其中九成出生於孟買，少量來自蘇拉特（Surat）或其他地方，大部份出生於十九世紀中葉，卒於二十世紀初。他們生活在香港的時間大概是十九世紀下半葉，這正是巴斯人在香港的黃金時代。在芸芸塋墓中最顯赫的首推麼地。

巴斯社群還於 1860 年集資在動植物公園內，興建了一座音樂亭以贈送給香港市民，至今尚存。它和九龍的麼地道、薄扶林的碧荔道（Bisney Road）、香港大學本部大樓、天星小輪及律敦治醫院均為巴斯人曾顯赫一時的明證。

## 居港阿美尼亞人人口統計

比巴斯人還少的是阿美尼亞人。[12] 阿美尼亞原是一個具有悠久歷史的獨立的基督教國家，但在十六世紀被信奉伊斯蘭教的奧斯曼帝國及伊朗瓜分，不少族人遠走他鄉，其中部份落籍印度的加爾各答，主要從事商業貿易。到英國佔領印度，他們像巴斯人一樣隨英人來遠東貿易，在檳城（E & O 酒店）及新加坡（萊佛士酒店、阿美尼亞教堂）均留下不少遺蹟。而在十八及十九世紀初的廣州和澳門都有他們的身影，他們不少與巴斯人是貿易夥伴。施其樂牧師（Rev. Carl Smith）及范岱克（Paul Van Dyke）皆就此作過研究。[13]

遮打是自開埠以來芸芸來港少數族裔中成就最高，地位最顯赫的一個；他公職無數，更是多間大企業的董事，照片中自左向右數第四個是遮打爵士，其右方是比他年輕 31 歲的夫人姬斯汀。（高添強提供）

　　阿美尼亞人在香港是少數族群中的少數族群，第一次在人口統計中提到他們是 1877 年，[14] 共有 10 人，像巴斯人一樣被列作印度人的一種。1897 有 15 人，1906 有 18 人；1911 年只剩下 5 名，但不再列於印度人之下。1931 年有 9 人，可見他們人數不多，然而他們在香港的影響力卻與人數成反比例。

　　雖然晚至 1877 年的人口統計表上才記錄阿美尼亞人的存在，但早在 1865 年便已有 7 名阿美尼亞人名列陪審員，同年只有 5 名華人是陪審員。1885 年港督寶雲在該年度首次立法局會議上，強調新一屆立法會的代表性時，指出非

位於干德道一號的雲石堂，是遮打委聘李安建築師在 1901 至 1904 年興築的大宅，遮打收藏的瓷器、名畫均藏於此，1926 年遮打去世，其家人把巨宅及珍藏全捐獻給政府。（Jonathan Wattis 提供）

官守議席可由香港總商會及 Bench of Magistrates 之會員自由推選。而這兩個團體均由全港不同族裔的主要納稅人組成，其中也包括了巴斯和阿美尼亞人，可知阿美尼亞人人數雖少，地位卻高。

## 阿美尼亞裔商人

香港的阿美尼亞族裔中，首屈一指的當然是保羅‧吉席‧遮打爵士（Sir Catchick Paul Chater）。[15] 他是戰前香港其中一個最具影響力、最富有、貢獻最大也是知名度最高的人。遮打來自加爾各答一個顯赫的阿美尼亞裔家族，但父母早亡，1864年年僅18歲來到香港投靠其姐及姐夫，起初在銀行當助理，兩年後自立門戶，當地產及金銀業經紀，賺取投資所需的資本。1868年他與麼地合組成遮打及麼地洋行，在往後的數十年進行了不少成功的投資。

1884年他從政府手中購入九龍尖沙咀濱海地，進行填海，並興築貨倉，建立九龍倉。兩年後協助文遜醫生（Dr. Manson）創辦牛奶公司。1889年他與怡和的詹姆士‧凱撒克合組置地公司，乃成巨富。遮打的才幹深受港府賞識，他任行政或立法局議員幾達40年，其中最大的貢獻是促成中環填海計劃，改變了中環的面貌。他又協助成立香港電燈公司，並捐款予教堂、學校及政府。1902年獲頒賜C. M. G. 爵士勳位。港府在他逝世後分別以遮打道及吉席街紀念他，在香港歷史上是僅見的殊榮。

彼德‧塞夫（Peter Seth）誕生於印度的馬德拉斯，早年在新加坡營商，1845年移居廣州。1857年其妻子在澳門去世後，便來港定居，從事經紀，住址是威靈頓街，直至1876年離世。

長眠在香港墳場裏的還有另一位同名同姓的阿美尼亞人彼德‧塞夫。他在新加坡定居多年，並曾在婆羅洲及澳洲營商，在1886年移居香港，未幾去世。高爾斯頓‧埃德加（Galstaun Edgar）的家族在新加坡經商超過一個世紀，1886年他毅然變賣新加坡的物業移居香港，計劃大展鴻圖，卻不幸染病死去。這些事例說明阿美尼亞人在東南亞的主要據點原是新加坡（這正是新加坡有阿美尼亞聖格里哥利教堂St Gregory Church的原因），商業網絡涵蓋馬來半島、婆羅洲、印尼，以至澳洲，但在香港開埠後眼見香港發展的勢頭乃遷到香港來另謀發展。

在可考的阿美尼亞商人還有阿維迪‧阿加伯（Avietick Agabeg）。他原在廣州經商，更是廣州總商會的創會會員，1858年移居香港，先當設於威靈頓街的 Daily Press 的出版商，後改而從商，1876年病逝。他們都是共濟會皇家薩克斯盧（Royal Sussex Lodge）的會員。由於香港阿美尼亞人人數寥寥可數，他們沒有像猶太人或巴斯人般有自己的墳場。只能卜葬於香港墳場，上述諸人的塋墓均在香港墳場之內。[16]

作為居港的少數族裔，巴斯人像猶太人一起被歸類為東方的商貿社群（Oriental Mercantile Community），與英、法、德等歐洲商貿社群（European Business Community）區分開來。但巴斯人除保留其獨特的民族服飾及宗教傳統外，生活方式相當西化，他們能操流利英語，通曉英國人的禮儀，在原居地印度早已習慣了與英國人交往，懂得如何與英國人溝通，這和香港絕大部份華人的情況迥然有別。

比如麼地像其他歐西人士一般在半山修建巨宅，收藏古玩及法國繪畫，他捐款興建了九龍木球會的會所並出任該會所的會長多年。他像遮打一樣熱衷賽馬，力求融入歐人社會的意圖十分明顯。不過，作為一個少數族裔要在英國殖民地中出人頭地，必須加倍努力與港府建立良好關係。1909年他捐資鑄造了英皇喬治五世的夫人瑪麗皇后的銅像放置在新填海而成的廣場上，與喬治五世及其他皇室成員在一起，在捐款籌建港大一事上，其立場便與本地心胸狹隘的英國人截然不同，他亦因此獲封爵士。

遮打作為阿美尼亞裔，他比巴斯人更西化，更能融入香港的西人社會，宗教上他信奉的阿美尼亞東正教是基督宗教的分支，與信基督教的英人分別不大。因成功推動在中區填海，他的能力深受政府賞識，被委以重任（先後擔任 1887 及 1897 年維多利亞女皇登基慶典籌備委員會的主席）。他在 1902 年代表香港前往倫敦參加愛德華七世的登基典禮後，捐造了一尊愛德華的銅像，置放於皇后像廣場中。他的投資眼光及商業手腕廣受西人社會認同，成為多間英資企業的董事。他熱愛賽馬，曾擔任馬會主席多年。他的私邸雲石堂，是香港首屈一指的豪宅，他是共濟會香港分會的大老，他的慈善捐獻令人側目，死後葬於香港墳場（前稱殖民地墳場）。身為少數族裔，他是完全融入英國人社群中，這在香港罕有其儔。

## 註釋

1　瑣羅亞斯德教，北朝及唐代稱祆教，國人習稱拜火教，起源於古波斯，是一個歷史極其悠久的宗教，有關其起源及教義可參閱 I. J. S. Taraporewala, *The Religion of Zarathushtra* (Tehran: Sazman-E-Faravahar, 1980)。在唐代，祆教曾通過活躍於絲綢之路上的粟特（或稱昭武九姓胡）商人傳入中國，在長安有祆教廟，陝西、山西、河南、寧夏均發現了祆教徒的墓葬，曾深受唐玄宗寵信，終叛變舉兵反唐的安祿山和史思明均為祆教徒，可參閱林悟殊：《波斯拜火教與古代中國》（台北：新文豐出版公司，1995）；張慶捷：《民族匯聚與文明互動：北朝社會的考古學觀察》（北京：商務印書館，2010）；榮新江、張志清編：《從撒馬爾干到長安：粟特人在中國的文化遺蹟》（北京：北京圖書館出版社，2004）。

2　巴斯人在香港主要參考 Carl T. Smith, "The Establishment of the Parsee Community in Hong Kong," in Carl T. Smith, *A Sense of History: Studies in the Social and Urban History of Hong Kong* (Hong Kong: Hong Kong Educational Publishing Co., 1995), pp. 389-397; Barbara Sue White, *Turbans and Traders: Hong Kong's Indian Communities* (Hong Kong: Oxford University Press,

1994)，詳細介紹定居香港的南亞裔族群，其中一章專論香港的巴斯社群，包括其來源、宗教信仰、習俗及在香港的社會經濟角色等。

3　巴斯商人來華及在廣州的貿易見 Paul A. Van Dyke, *The Canton Trade, Life and Enterprise on the China Coast, 1700-1845* (Hong Kong: Hong Kong University Press, 2007)。有關巴斯的中文著述寥寥可數，其中最具份量的是郭德焱：《清代廣州的巴斯商人》（北京：中華書局，2005），這是由其博士論文修改而成的。郭氏亦先後發表過多篇有關論文。

4　巴斯商人詳見 Bard, *Traders of Hong Kong*, pp. 85-89; Wright, *Twentieth Century Impressions of Hong Kong*, pp. 226-228; R. Pestonji, "The Parsis in Hong Kong," *Hong Kong Business Symposium*, pp. 297-299。

5　Letter from Sir John Davies to Lord Stanley, Secretary of State for the Colonies, CO129/12, 10 July, 1845.

6　米地華拉生平見 Sooni Shroff-Gander, "Mithaiwala, Dorabjee Naorojee," *Dictionary of Hong Kong Biography* (Hong Kong: Hong Kong University Press, 2012), p.322。

7　麼地生平見 Anthony Sweeting, "Mody, Sir Hormusjee Naorojee," *Dictionary of Hong Kong Biography*, pp. 322-323。

8　律敦治生平見 Sooni Shroff-Gander, "Ruttonjee, Jehangir Hormusjee," *Dictionary of Hong Kong Biography*, pp. 377-378。

9　*Report on Census of the Colony of Hong Kong for the Year 1921.*

10　Pestonji, "The Parsis in Hong Kong," pp. 297-299.

11　查巴斯人在 1845 年已向港府提出闢設墳場之要求，但卻待 1852 年才獲批地；Letter from Sir John Davies to Lord Stanley, Secretary of State for the Colonies, CO129/12, 10 July, 1845。

12　阿美尼亞人的來源與遷徙見 "Armenians," Wikipedia。

13　十八及十九世紀阿美尼亞商人在澳門及廣州的活動見 Carl T. Smith and Paul Van Dyke, "Armenian Footprints in Macao," *Review of Culture, International Edition,* No.8 (Oct, 2003), pp. 20-39; Carl T. Smith and Paul Van Dyke, "Four Armenian Families," *Review of Culture, International Edition,* No.8 (Oct. 2003), pp. 40-50。

14　*Report of the Census of the Colony of Hong Kong*, 1877, 1897, 1906, 1911, 1931.

15　遮打生平見 Robert Nield, "Chater, Sir Catchick Paul," *Dictionary of Hong Kong Biography*, pp.78-80。

16　Lim, *Forgotten Souls*, pp. 235-239.

## 11

歐亞通婚的結晶·

混血兒

　　歐亞混血兒泛指歐洲人與華人所生的下一代。十九世紀香港第一代的歐亞混血兒，父親多為歐洲人，母親為華人。自 1897 年起，港府的人口統計新增了「Eurasian」一項；1900 年代，歐亞混血兒的數目有 200 多人，但到 1911 年只餘下 42 人。他們並非離開香港，而是認同及選擇了中國人的身份所致，這亦說明為何 1911 年後，人口登記中再沒有「歐亞混血兒」一欄。[1] 混血族群的身份認同，與他們的經歷以至戰前殖民地政府的政策和態度不無關係。

　　歐亞混血兒是早期洋人來港經商的「副產品」。十九世紀來港的洋人以男性為主，女眷甚少隨行。他們部份會聘用「蜑家妹」（又稱「鹹水妹」，即女性水上人）為家傭，甚或流連妓院尋找感情和生理慰藉。由於跟洋人過從甚密，她們甚至成為洋人的妻妾，受到接濟與保護。惟這些洋人或許已有家室，而且絕少把華籍妻妾帶回本國，這批不合法的洋人妻妾被稱為「涉外婚婦」（protected women），而他們所生的孩子就是香港第一代的歐亞混血兒。[2]

## 活躍於政、商界的混血兒

戰前香港有一群身份地位顯赫的歐亞混血兒，他們在政商以至法律界，風頭也是一時無兩，其中最為人所熟知的莫如何東（又名何啟東，Sir Robert Ho Tung，1862-1956）。何東的父親是荷蘭商人何仕文（Charles Henry Maurice Bosman, 1839-1892）。畢業於中央書院的何東，亦曾接受傳統私塾教育，故此通曉中外語言及文化。何東曾任職廣東海關，1881 年加入渣甸洋行（今怡和公司）出任華人部初級助理員，一年後獲提升為買辦。另外，何東與胞弟成立何東公司（Ho Tung & Co.），從事食糖買賣。1894 年，何東升任渣甸洋行華總經理，到 1900 年以健康欠佳為由辭職離開，由胞弟何福接任。離開渣甸洋行後，他全力發展個人業務，除一般貿易外，還進軍航運及地產業。1922 年海員罷工期間，何東曾積極斡旋。香港淪陷時期，他逃到澳門，戰後才回港。何東既是本港的太平紳士，多年來亦受中、英、法、德、意等國冊封。他於 1956 年離世，與妻子麥秀英同葬於香港墳場。[3]

擁有巴斯、中國和西方血統的羅旭龢（Sir Robert Hormus Kotewall, 1880-1949），曾入讀拔萃書室和中央書院，16 歲加入警隊為四等文員，1913 年任職裁判司署首席文案，其後再晉升為布政司署首席文案，並且是首位華人官守太平局紳士。離開政府後，羅氏創辦了旭和洋行，入口留聲機，同時任職香港和聲唱片公司經理。羅氏亦獲邀出任多間公司的董事或顧問，如華人置業、電話公司、香港雪廠、南洋兄弟煙草公司、油蔴地小輪、中華汽車、

何東兄弟及羅長肇等合照。圖中除左前方坐着的劉鑄伯外，其餘均為混血兒家族成員，中坐者何東，其旁為其弟何甘棠，後方站立者，左面是陳啟明、中間是何福、右方是羅長肇。（高添強提供）

羅旭龢繼周壽臣後出任第二任華人行政局議員，他的父親是巴斯人，母親是華人，羅旭龢像何東一樣以華人自居，是華人社會中廣受尊崇的領袖，去世後葬於歐亞混血兒專用的昭遠墳場。相對於何福、何甘棠及羅長肇，他的墓十分簡樸。（筆者拍攝）

九龍汽車等。1925 年省港大罷工時，羅氏積極斡旋其中。日佔期間，他出任軍政府華民代表會主席，協助「以華制華」。戰後他被港英政府列入黑名單，終身永不錄用。羅旭龢不久以健康為由辭去行政局議席，於 1949 年病逝。[4]

洗德芬（Stephen Hall, 1856-1924）的父親是 Steven Prentis Hall，在灣仔春園街開設船務公司 S. P. Hall & Co.。洗德芬就讀於中央書院；1880 年，他加入 Messrs. Stephens & Holmes 律師行，兩年後成為 Creasy Ewens 律師的下屬。由於他精通本地法律，遂入股 Ewens & Harston 律師行，儘管他從未獲得律師資格。洗氏後來亦涉足商界。二十世紀初，他先後擔任東華醫院主席以及華商會所值理會主席。1924 年洗氏逝世，享年 68 歲，死後長眠於昭遠墳場。[5]

陳啟明（George Barton Tyson, 1859-1919）的父親為美國商人 George Tyson，即旗昌洋行（Russell & Co.）的合夥人之一。陳啟明曾入讀拔萃書室和中央書院，成績優異，曾考獲馬禮遜獎學金。陳氏畢業後在司法部門工作，之後從商，並從事鴉片貿易。陳氏是中華總商會主席，又曾捐款成立香港大學。[6]

有指黃金福（Wong Kam Fuk, 1870-1931）的父親是挪威船員。他曾就讀於中央書院，畢業後加入九龍倉的保險部門，後晉升為買辦，在九龍倉工作長達 42 年。此外，他同時涉足輪船公司、織造廠、啤酒廠。黃氏曾任團防局委員、東華醫院和保良局的總理、香港大學董事委員、拔萃男書室校董、中華遊樂會會長、華商會所值理會主席等職位。陳氏於 1931 年逝世，安葬於香港仔華人永遠墳場。[7]

施炳光（Andrew Zimmern, 1872-1906）又名施平廣

（She Ping Kwong）。據何鴻鑾（Eric Ho）所言，施炳光的父親是德裔英國人施文（Adolphus Hermann Christian Anton Zimmern），於十九世紀中葉來港工作，與歐亞混血女子葉氏（Mathilde Eckhard）育有二女二子，分別名為湘美（Mary）、湘卿、炳光和燦光（Adolph）。施炳光於1880年入讀拔萃書室，其後任職協理英國海關參贊清廷駐朝鮮欽差事務，與張德輝、冼德芬是結拜兄弟。[8]

上述幾位歐亞混血兒大多數是買辦、商人或法律專才，他們的共通點是曾接受良好教育，通曉中、英文，這與他們獨特的家庭背景有密切關係。雖然大多數洋人拋妻／妾棄子，卻會留下物業、金錢、股票，作為日後的生活費。重視子女教育的涉外婚婦，把孩子送入教會或政府學校讀書，有些更會接受傳統中國的私塾教育，遂培育出這批既精通中、外語言，又熟識東、西文化的歐亞混血兒，有助他們在華洋雜處的香港突圍而出。

對殖民地政府而言，混血兒的出現絕非光彩的事情。英國在殖民地素來奉行種族隔離政策，藉此維護其統治權威和民族優越感。對香港的管治也不例外。早期殖民政府實行華洋分治，嚴防兩者混雜，劃分居住地之餘，[9]更反對通婚。即使到二次大戰前，英籍公務員仍不許與華裔或混血兒通婚，英資機構員工亦然。除卻保持血統純正和民族優越感等因素，歐亞混血兒的雙重效忠亦加深政府的疑慮。因是之故，早期的混血兒公務員多被派往偏遠地區或到外島看守燈塔，可謂眼不見為乾淨。為本地女童提供英語教育的拔萃女校（Diocesan Native Female Training School），更一度因畢業學生多淪為涉外婚婦，而被迫在1865年關閉。

## 何東家族

　　作為中、西血脈的融合，歐亞混血兒的生活經常遊走於東、西文化之間，但有趣的是，一些混血兒會刻意強調華人的身份，何東家族便是一例。何東本人既畢業於中央書院（1894 年改名皇仁書院），同時又接受中國傳統私塾教育。他的子女，男的到皇仁書院讀書，女的則入讀拔萃女校，學好外語，課餘則向前清秀才學習中文和儒家文化，女兒何綺華（Eva）與何艾齡（Irene，本名奇姿，後改為艾齡）更入讀前清舉人盧湘父（1868-1970）所辦的湘父女子學校。至於日常生活，據何家成員記載，他們平日穿着中式服裝，講廣東話，又會搓麻雀消遣。即使出國公幹或旅遊，何東仍是一身長衫馬褂的中式打扮。由於何東母親施娣是戲迷，偶爾會給予孩子零錢看戲，回來稟報故

何東二夫人張蓮覺是虔誠的佛教徒，東蓮覺苑是她在 1935 年所捐建，名字乃拼合何東及張蓮覺而成，建築古雅，是圖可見其外貌、正門及成立緣起碑記。（筆者拍攝）

事內容，遂培養出同為戲癡的何甘棠。在習俗方面，何家選擇過舊曆新年，又會四出拜年，反而不會慶祝聖誕和元旦。何東夫婦的思想更是極為華化。何東有平妻二人、一妾以及一位女友（看護朱春蘭，Katie Archee，1889-1991，屬拉丁美洲與華裔的混血兒），可媲美傳統中國家庭妻妾成群。妻子麥秀英（Margaret Maclean, 1865-1944）同樣深受中國文化影響，礙於「無後為大」，她容許丈夫納妾，並且主動招徠纏足的表妹張靜蓉（Clara Cheung Ching Yung，1875-1938，是第二代混血兒）共侍一夫。結婚當日，何東以大紅花轎，把張靜蓉接過門。儘管平妻在傳統中國社會甚為普遍，但在香港由歐亞混血兒提出也可算是轟動一時。

外表、生活以至思想華化，不代表混血兒認同華人的身份，如斯做法可能只是生存策略。何東曾努力讓子女進入歐洲人的生活和社交圈子。自 1920 年搬入山頂大宅後，[10]何東曾經去信港府，要求位於山頂專門收取外籍學童的學校，接納其子女的入學申請，又捐出大筆款項支助學校，最終仍是不得其門而入。對於女兒的教育，他捨棄較近的聖士提反女書院，而要她們每日舟車勞頓，由山頂跑到九龍的拔萃女書院上學，為的是該校以英語教學，而且取錄混血兒。相比英國人，華人對混血兒較寬容。認同中國人的身份，尚且可令何東、冼德芬、羅文錦等歐亞混血兒成為華人代表，甚至出任東華三院總理；[11]但面對英國人，他們只是次一等的「半唐番」。

在早期香港社會，歐亞混血兒既獨特但又受盡排擠，遂加緊了彼此間的聯繫，互相通婚是方法之一。先由何東本人說起，妻子麥秀英不僅是他青梅竹馬的玩伴，其岳父麥奇廉（Maclean）更是渣甸洋行（Jardine Matherson & Co.，即今天的怡和公司）的推銷員。在麥奇廉的支持下，何東短時間內由渣甸洋行的初級文員晉升為買辦。平妻張靜蓉的父親張德輝任職於九江海關，雖然他不是商人，但跟冼德芬、陳啟明、施炳光等是結拜兄弟，迎娶張靜蓉有助何東擴寬人脈網絡。再細看何東一家，他共有五子八女（包括過繼子何世榮、早夭的兒子何世勤以及私生子何佐芝），大部份與歐亞混血兒結合。例如，女兒何錦姿（1897-1959）和何堯姿（1910-?），分別嫁予羅長肇家族的羅文錦（1893-1959）和羅文灝（?-1955）；[12] 何文姿（1908-?）嫁予 B·吉廷士（William Minto Gittins，亦作 Billy Gittins，1897-1945），何堯姿喪夫後改嫁 J·吉廷士（John Gittins）；由姜侍周綺文所生的何純姿（1900-?）嫁予表哥，即黃金福家族的黃錫霖；兒子何世榮和何世禮，分別迎娶洪錦城家族的洪蘊芝（Kitty Anderson）和洪奇芬（Hesta, Hung Ki-fan）。何東的兄弟姊妹及其後人，亦通過婚姻與冼德芬家族和施炳光家族聯繫起來。可見十九、二十世紀，香港的歐亞混血兒透過婚姻築成一個千絲萬縷的親屬、經濟以至社會關係網絡。

## 社團與墓園

為着守望相助，幾大混血兒家族在 1929 年共同創立同仁會（Welfare League），旨在互相維繫、教育下一代，並且對有需要的混血兒提供經濟援助。何東與羅旭龢分別出任該會首屆正、副會長。[13] 又，歐亞混血兒有自己的葬

何東元配夫人麥秀英是基督徒，在日佔時期病逝，葬於
香港墳場，何東為了與愛妻葬在一起，死前受洗入基督
教，圖中可見香港墳場內的何東夫婦墓。（筆者拍攝）

此山場週圍丁方六英畝之地乃蒙本港
督憲羅制軍于壹千捌百九十七年批准給
與我昭遠山堂為安葬先人之用經已堅
立石界外人不得侵葬此地倘有胆敢私
葬及侵佔此界內之地一經知覺定即稟
官究治決不徇情特此謹白
昭遠山堂啟

1899 年，以何東為
首的混血兒家族向港
府提出撥地興築永久
墳地請求獲准，乃有
昭遠墳場之設，此碑
對墳場之緣起有詳細
記述。（高添強提供）

地——昭遠墳場。1896 年，何母施氏過世，安葬於摩星嶺墳場。及後何東、何福兩兄弟向政府申請把摩星嶺一帶葬地劃為私人墳場，於 1897 年獲政府批准。由於該處已葬有其他歐亞混血族群的先人（如冼德芬母親黃氏），故此昭遠墳場不僅是何東家族的私人墓園，也是歐亞混血族群的墳場。[14] 從生前互相關照，到死後同葬一地，反映出某程度上，早期香港的歐亞混血兒希望突出他們與眾不同的身份。

## 二次大戰與身份問題

歐亞混血兒在香港社會的優勢，隨着第二次世界大戰而漸漸消失。戰爭前夕，為保護香港，不少男性的歐亞混血兒與其他居港的英國公民，加入了香港義務防衛軍（Hong Kong Volunteer Defense Force，其後譯為「香港義勇軍」）。[15] 豈料當英國政府撤僑時，不少歐亞混血兒的申請被拒；即使有幸登上撤僑船，當抵達馬尼拉再接受審查時，還是被遣返香港，不得前往澳洲。此舉不僅令混血族群大失所望，更直接衝擊他們的身份認同。戰後，居港的英國公民可選擇回國或移居澳洲，由於英國政府已放寬對歐亞混血兒的國籍審查，所以不少混血兒在戰後選擇離開香港。

除人數減少外，戰後歐亞混血族群的經濟影響力亦大不如前。戰爭期間，有財有勢的混血兒家族，難逃被日軍掠奪財富的厄運。幸運如何東雖然逃出日軍的魔掌，旅居澳門，但他在香港的生意只能苟延殘喘，加上為支持兒子何世禮而買下大批國民政府公債，更令其經濟情況雪上加霜。戰後當混血族群尚待恢復元氣，因逃避內戰和共產政權而南下的上海資本家，帶同大量資金和技術來港，東山再起，進一步削弱混血兒家族的影響力，並且取代他們成為戰後帶動香港經濟的火車頭。

無疑，洗德芬、何東、羅文錦等人是戰前香港歐亞混血兒的佼佼者，但他們只是混血族群中的鳳毛麟角，更多歐亞混血兒其實名不見經傳。涉外婚婦從歐美情人或「丈夫」身上學會立遺囑，但並非所有涉外婚婦都會送子女入學校讀書，而錯過栽培他們成為買辦、律師的機會；甚或有混血兒安於父母的庇蔭，依靠物業收租或經營小生意過活。更甚者，部份樣子不中不西的混血兒，甫出生便遭父母遺棄。戰前香港保護兒童會的記錄中就提到一名歐亞混血女孩的悲慘經歷。這位 15 歲女孩子本來就是孤兒，嬰兒時期被一名華人婦女收養。文件沒有提及這位華人婦女為何會收養混血嬰兒，但就提到女孩的「父親」（即養父）是歐籍人士；換言之，這位華籍養母極有可能是涉外婚婦，這亦解釋了為何她會選擇收養混血女嬰。儘管華籍養母對女孩疼愛有加，但當她死後，歐籍養父卻對女孩百般剝削，既要她幹活榨取金錢，但又沒有提供合適的居住環境。最後香港保護兒童會把這個案上報華民政務司，女童才得以擺脫「父親」的監護權，入住宿舍自力更生。[16] 這位不幸女孩的經歷說明兩點：其一，戰前的殖民政府把歐亞混血兒當作華人，由華民政務司處理；其二，並非所有戰前的歐亞混血兒都是大富大貴或社會菁英，當中有不少屬社會低下層，甚至因為華、洋社會各自對混血兒的歧視，來到世界後便遭遺棄。這批不見經傳的歐亞混血兒過着怎樣的

生活，如何審視自己的身份認同，都是值得進一步探討的
課題。

## 註釋

1　此項於 1931 年的人口統計再次出現。見 *Report on the Census of the Colony of Hong Kong, 1931*。

2　有關涉外婚婦，參見施其樂（Carl T. Smith）著、宋鴻耀譯：《歷史的覺醒：香港社會史論》（香港：香港教育圖書公司，1999），頁 3-23；鄭宏泰、黃紹倫：《婦女遺囑藏著的秘密：人生、家庭與社會》（香港：三聯書店，2010）。

3　本章引述關於何東家族的資料，參見梁雄姬：《中西融和：羅何錦姿》（香港：三聯書店，2013）；鄭宏泰、黃紹倫：《何家女子：三代婦女傳奇》（香港：三聯書店，2010）；鄭宏泰、黃紹倫：《香港大老：何東》（香港：三聯書店，2007）；鄭宏泰、黃紹倫：《香港將軍：何世禮》（香港：三聯書店，2008）；鄭宏泰、黃紹倫：《婦女遺囑藏著的秘密：人生、家庭與社會》（香港：三聯書店，2010）；Irene Cheng, *Clara Ho Tung, a Hong Kong Lady: Her Family and Her Times* (Hong Kong: Chinese University of Hong Kong, [1976]); Irene Cheng, *Intercultural Reminiscences* (Hong Kong: David C. Lam Institute for East-West Studies, Hong Kong Baptist University, 1997); Jean Gittins, *Eastern Windows-Western Skies* (Hong Kong: South China Morning Post, 1969); Peter Hall, *In the Web* (Wirral, England: Peter A. Hall, 1992); Eric Peter Ho, *Tracing My Children Lineage* (Hong Kong: Hong Kong University Press, 2010); Vicky Lee, *Being Eurasian: Memories across Racial Divides* (Hong Kong: Hong Kong University Press, 2004); Florence Yeo, *My Memories* (Pittsburgh, Pa.: Dorrance Pub. Co., 1994); Tse Liu, Frances, *Ho Kom-tong: A Man for All Seasons* (Hong Kong : Compradore House Ltd., 2003)。

4　Ho, *Tracing My Children Lineage*, chap. 11; John M. Carroll, "Kotewall, Rober Hormus," *Dictionary of Hong Kong Biography*, pp. 230-232.

5　Hall, *In the Web*, pp. 26-61, 119; Ho, *Tracing My Children Lineage*, chap. 16; Anthony Sweeting, "Sin Tak Fan," *Dictionary of Hong Kong Biography*, p. 394.

6　Hall, *In the Web*, pp. 119, 199-200; Anthony Sweeting, "Chan Kai-ming," *Dictionary of Hong Kong Biography*, p. 71; 高添強：《高山景行：香港仔華人永遠墳場的建立與相關人物》（香港：香港華人永遠墳場管理委員會，2012），頁 29。

7 Hall, *In the Web*, p. 121; Ho, *Tracing My Children Lineage*, chap. 9; 高添強：《高山景行》，頁 30-31。

8 Hall, *In the Web*, pp. 206-207; Ho, *Tracing My Children Lineage*, chap. 12.

9 開埠初期，山頂只容許歐洲人居住，建有住宅、會所和醫院，但不許興建中式樓宇，至於山腰至山腳一帶則劃為民房區。1888 年的《歐洲人區域保留條例》(*European District Reservation Ordinance*)列明，除港督批准，華人不得在山頂居住。1904 年港府修訂法例，新的《山頂區保留條例》(*Peak District Reservation Ordinance*) 進一步規定海拔 788 米以上地區列為歐人專用住宅區。該條例直到 1946 年才正式廢除。關於何東山頂大宅，見鄭宏泰、黃紹倫：《何東花園：山巔堡壘》(香港：中華書局，2012)。

10 麥秀英與何世榮、何純姿、何世禮等人，居住在原來西摩道的大宅紅行(Idlewild)，而張靜蓉及其他子女則遷入山頂大宅。

11 何東於 1898 年成為東華醫院的主席，之後是冼德芬 (1906)，而陳啟明則在 1911 年成為主席。另外，何東的兩個弟弟亦先後多次成為該院的總理 / 董事。

12 羅長肇 (1889-1934) 乃羅富華的長子，屬第二代歐亞混血兒，曾任職中央書院和港府庫務署。十九世紀後期，羅長肇成為渣甸洋行買辦，與何東、何福兄弟是好友。羅妻施湘卿是施炳光之姊，夫妻育有四子，包括文錦、文顯、文惠、文灝。羅長肇曾獲頒太平紳士，是本港最早的華籍太平紳士之一。有關羅長肇家族，參見 Hall, *In the Web*, pp. 110-117; Ho, *Tracing My Children Lineage*, chap. 10。

13 詳見 Eric Peter Ho, *The Welfare League: The Sixty Years: 1930-1990* [HK: n.p.]。

14 有趣的是，何東死後並非葬於昭遠墳場，而是與麥秀英長眠於香港墳場。有指他為了感激麥秀英多年的支持，所以臨終前決定受洗，以便與妻子合葬。另有學者認為，何東最終選擇香港墳場作為安息地，是要強調其香港人的身份。

15 香港自願防衛軍第三連 (No. 3 (Eurasian) Company, Hong Kong Volunteer Defense Force) 由歐亞混血兒組成。1941 年 12 月 19 日，日軍強攻香港島，第三連由原本駐守山頂調到黃泥涌峽前線，迎擊日軍，結果傷亡慘重。事後有歐亞混血兒以及死傷者家屬質疑，殖民地部和英軍是故意犧牲混血兒，以保白種的加拿大兵的性命。

16 *Hong Kong Society for the Protection of Children Fifth Annual Report, covering the period from 1st November, 1933 to 31st October, 1934* (Hong Kong: Ye Olde Printerie Ltd., 1934), pp. 17-18.

# 結語

香港為何會有這麼多的外籍族群？他們來此地的目的是為何？香港有甚麼特點吸引他們？他們在香港的生活模式是怎樣的？他們對香港有何貢獻？對本地的華人有何影響？這都是本書所須解答的問題。

按其來港的目的，我們可把戰前本港的外籍族群劃分為四大類：

1. 來此地經商的；

2. 來此地找尋工作的；

3. 來此地傳教的；

4. 逃難而來的。

第一類包括英、德、法、美、日本、賽法迪猶太人及巴斯人，部份是挾資本來此發展的，英商太古洋行、德商禪臣洋行、沙宣、庞利羅士等賽法迪猶太商人及麼地、高華治·巴倫治等巴斯商人均屬此類，他們具備豐富的經商經驗（部份早在十三行時期已來華營商），擁有雄厚資本，覷中香港得天獨厚的營商條件，乃來此大展拳腳、建立商業王國；也有部份是隻身來港找尋機會，從低下職位做起，憑藉機智及努力，終自立門戶，創出一番事業來的，英人德忌利士·林柏及阿美尼亞裔的遮打是典型例子。

第二類以來自澳門的葡萄牙人及來自印度次大陸的人為主，也有部份是日本人及英國人，總的來說，他們都是來此打工的。香港開埠後，澳門經濟一落千丈，而香港則方興未艾，部份葡人乃舉家移居香港，多在政府或各大私人機構擔當文書工作。十九世紀中晚期，在絕大部份華人尚未懂得講及寫英語的時候，葡人扮演了中介角色。港府成立警隊，因不信任華人，乃從印度次大陸招募大批印度人加入警隊行列，印度人身材魁梧，比華人高大，能震懾被管治的華人，是十九世紀香港警察的主要組成部份。另外，香港政府成立後需從英國招聘大量公務員，早年政府架構裏高、中級官員皆為英國人，故每年均有不少英人遠涉重洋來港履新。另外在十九世紀晚期，不少年輕日本女子在港從事性工作，她們大多是原籍九州，因窮困被賣來港當妓女，以服務來往的日本海員。

　　第三類是傳教士，包括羅馬天主教和基督新教的傳道人。前者以法國、意大利及愛爾蘭人為主，來自法國的有沙爾德聖保祿女修會的修女、巴黎外方傳教會的神父、耶穌會神父，來自意大利的有嘉諾撒聖心修會的修女、宗座外方傳道會的神父，還有來自美國的瑪利諾修會的神父和修女，及來自愛爾蘭的喇沙會修士等。基督新教宗派繁多，主要有來自英國的倫敦會及聖公會的牧師，來自德語地區的信義宗（即巴色會〔崇真會〕、巴勉會〔禮賢會〕及巴陵會〔信義會〕）的神職人員。他們在港開辦學校、醫院、嬰堂、盲人院，貢獻很大。

　　第四類是因在原居地受到政治迫害，而逃難來港的，這以阿什肯納茲猶太人及俄羅斯人為主。前者部份來自東歐，部份來自西歐及俄羅斯，先後受到奧斯曼帝國、沙俄帝國、蘇維埃政府及納粹德國的迫害，為了追尋安居之地，他們長途跋涉，顛沛流離，僑居香江。俄羅斯人大多是在蘇維埃政府成立後來港避難的，其中部份是久居俄羅斯的猶太人。

在這四類人當中，絕大部份都是過客。無論是來自英、美、德、法、中東的商人或傳教士，或者是來此打工的印、日、英裔人士，以及逃難而來的阿什肯納茲猶太人和俄羅斯人莫不如是。商人、傳教士及僱員往往在50歲左右便買棹返國，逃難而來的阿什肯納茲猶太人和俄羅斯人亦僅以香港為中轉站，在居留若干年後便遷往他地，在此定居下來及終老的並不多，只有來自鄰埠澳門的葡人落地生根，繁衍生息，成為香港人。由外籍人士與華裔婦女交合而生的混血兒，是另一類以香港為家的非華裔族群。

人口登記報告清楚顯示，香港的外籍僑民數目之增減，包括來港者人數或他們在港的生育率消長，是與世界政治經濟大環境及本港經濟和就業狀況息息相關的。比如在1910及1920年代，先是受到歐戰的影響，繼而是國際經濟不景氣的影響，香港英國人的商行不增反減，人口沒有多大增長；在十九世紀末，因葡人的優勢不再，工作職位漸被其他人取代，就業情況轉壞，生育率亦因而降低；巴斯人在同一時期亦因鴉片貿易前景不明及棉紗買賣受挑戰而離港他去；最慘的是原在香港營商一帆風順的德國商人因受歐戰影響，在港財產被充公，數十年的基業遂毀於一旦。

何以香港能吸引到如此多的外籍族群來此地？她有甚麼能吸引外籍族群的條件？

這與香港的地理位置及英人管治息息相關。眾所周知，英國人發動鴉片戰爭的主要目的就是要脅迫中國開放其市場，所以《南京條約》規定中國須開闢上海、寧波、福州、廈門和廣州為商埠，侵佔香港是為了在中國大陸南陲建立一個由英國人自行管治的經商、駐軍（保衛商業利益）的基地。香港位於中國南陲，背靠珠三角，與澳門及南中國的政治、經濟中心廣州成鼎足之勢，處於東北亞與東南亞的交匯點，在航運上處於十分有利的位置，加上水深港闊，是天然良港，英國人奪取香港正是基於這些原因。需知內地商埠的開闢與港島的割佔是相互配合的，目的就是以香港為立足點，開拓中國內地龐大無比的市場。

開埠後，英國馬上宣佈香港是自由港，原來在廣州做生意的英國、美國、法國、德國、以至賽法迪猶太人陸續遷到香港來。其後，不同國籍的商人亦買棹東來，參與中國貿易，其策略是立足香港，放眼中國。中國地廣人稠，市場龐大，商人無不垂涎，不遠千里而來正欲為分一杯羹。香港既是歐人東來抵達的首站，也是進入中國內地的跳板。香港是英國殖民地，在此註冊，可以得到英國法律的保護。港府深明此理，故在十九世紀所訂法例多與商貿有關，外籍商人有鑑於在此營商有所保障，故紛紛把總部設在香港，然後在上海、福州、寧波、漢口等商埠開設分行，英資的怡和洋行如是，美資的瓊記洋行如是，德資的禪臣洋行也一樣，而猶太商人沙宣的發展重鎮亦是在上海。

在《天津條約》簽訂後，長江流域腹地向外商開放，開放的商埠從 5 個增為 15 個，《北京條約》簽訂後更增加了天津及大連，洋商鑑於所需融資金額巨大，亟需設立一間銀行以提供貿易信貸，乃合力籌組在香港註冊，以香港為總部、上海為樞紐的香港上海滙豐銀行。滙豐的創立，反映了香港在對華貿易中的橋頭堡地位。戰前香港的經濟仰賴轉口港貿易，外籍商人絡繹不絕來此發展乃基於此一原因。1949 年後，因內地實行封閉政策，外國商行紛紛撤離，及至改革開放初期，香港又恢復了這個中介角色的扮演，一直到千禧年後，這個角色的作用才因上海的重新崛起而慢慢褪色。

假如把香港的外籍族群人口與中國最大商埠，同樣在《南京條約》後開埠的上海的外國僑民比較，我們更容易認識到香港崛起與中國貿易的互動關係。在十九世紀中晚期，香港的外籍人口一直遙遙領先，但在踏進二十世紀，情況急劇改變，從 1910 年代，香港有約 1 萬多名外籍人士居留，而上海的外國僑民人數已逾 2 萬人，迅速超越香港。在 1920 年代，上海的外僑數目已超越 3 萬人，香港仍只有 1 萬多人。到 1930 年代，香港的外籍族群增至約 3 萬，但上海的外僑已達 6 萬多人，比香港多逾一倍。因受到日本侵華的影響，1942 年上海外僑有 150,931 人。可知戰前香港外籍族群的規模難以與上海相比，也反映了位於長江口附近的全國經濟商貿中心 —— 上海才是外籍族群，尤其是西方商人和賽法迪猶太人趨之若鶩、大展拳腳之地；香港則是後勤基地。直至踏入 1950 年代，大陸採取封閉政策，加上韓戰導致聯合國禁運，轉口港貿易為主的時代告終，情況才有所改變。

　　西方傳教士的情況與商人異曲而同工，在二十世紀前本港華人人口有限，他們被派遣來港乃是為了伺機進入中國內地傳教，英國人管治下的香港是一個安全的宣教大後方。在 1840 及 1850 年代，內地傳教尚未合法，但洋教士已在當時尚屬新安縣的新界及鄰近的東莞和惠陽等地傳教。《北京條約》簽訂後，西方傳教士獲准入內地傳教，傳教的規模、地區也逐漸擴大。正是基於這個原因，巴黎外方傳教會從 1870 年代起在香港購入大量物業，設置療養院、印刷所、靜修院、宿舍，儼然是向中國傳教的後勤基地，直至共產政權建立後，宣教活動被禁止，該會深悉在大陸的宣教工作無法繼續下去，便把名下的物業陸續賣出。正因如此，巴色會的韓山明、黎力基來港後學習的不是粵語，而是客語及潮州話，以便向惠梅及潮汕地區傳教。那時候歐美地區來的基督教傳教士，抵港後在掌握了某種方言後便離港奔赴內地，根本無意留居香港，只是遇到染病才回港療養，所以香港一直是西方傳教士來華傳教的後勤基地，直至 1949 年後政治環境改變，他們再也無法回內地傳教，香港在這方面的角色亦暫告一段落。在改革開放後，香港又再成為向大陸傳教的中介站，但傳教的工作已由華裔教士或教徒肩負了。

　　數以萬計的外國人經年累月在香港生活,對香港有何貢獻?對本地華人的生活方式有何影響?本書所提及的英、美、德、法、俄、猶太、日本、南亞裔及巴斯人對香港均各有貢獻,各國商人在此營業,創造就業機會之餘也促進了本港的繁榮,使香港成為國際都會。英國人建立了一套相當完善的管治制度,講求法治,奠下了香港經濟發展的基礎,英人在衛生、醫療、教育、報業等各方面對香港的貢獻影響至為深遠,西醫逐漸普及,與中醫此消彼長,西式教育孕育出中英雙語菁英茲不贅;葡人長期以香港為家,在法律界、印刷界、文化界、體育界皆名人輩出,他們與香港天主教的傳播關係密切;南亞裔中不少投身警隊,為維持治安而付出血汗;猶太人嘉道理家族、庇利羅士、巴斯人麼地、律敦治,阿美尼亞裔的遮打均是香港著名的慈善家,對高等教育、醫療、文化藝術和農業科技貢獻良多,其善行早已家喻戶曉。

　　若論對香港影響最深遠的首推來自英、美、德、法等國的基督宗教(羅馬天主教及基督新教)傳教士,他(她)們帶來了一種嶄新的宗教信仰及道德價值觀,與傳統的儒佛倫理思想迥異,造成巨大衝擊;必須指出,在十九世紀末、二十世紀初的華裔立法局議員伍廷芳、黃勝、何啟、韋玉皆為基督徒,國父孫中山先生是基督徒,興中會會眾(陳少白、鄭士良、楊衢雲、謝瓚泰等)以及同盟會香港支會的會員(李煜堂、林護、伍于簪、譚肇康等)泰半是受基督教薰陶的知識分子,這不是偶然現象。此外,歸信基督宗教的信眾由於已移風易俗,多不容於鄉里，他們是最早以香港為家的一批華人。所以，港府在 1883 年便批地予基督教會興建墳場，薄扶林的基督教墳場正是香港首個華人永遠墳場。

除了宗教思想外，基督宗教對香港的醫療、教育及社會服務貢獻良多。在醫療方面，英國倫敦會的雅麗氏利濟醫院（1877，後易名雅麗氏何妙齡那打素醫院）、法國沙爾德聖保祿女修會的聖保祿醫院（1898），意大利嘉諾撒仁愛女修會的嘉諾撒醫院（1929）等。在教育方面，港府在戰前，特別是十九世紀中葉對興辦教育並不積極，主要倚賴教會的協助，基督宗教在辦學方面異常積極，紛紛設立學校，基督新教包括從澳門遷港的倫敦會馬禮遜紀念學校及從馬六甲遷回的英華書院、英華女校（1900），英國聖公會的聖保羅書院（1851）、拔萃女校（1860）、拔萃書室（1869）、聖士提反書院（1904）、聖士提反女校（1906）、聖保羅男女中學（1915）及協恩中學（1936）；天主教方面有法國沙爾德聖保祿女修會的聖保祿書院（1854）、意大利嘉諾撒仁愛女修會的嘉諾撒聖心書院（1860）、嘉諾撒聖方濟學校（1869）及嘉諾撒聖瑪利書院（1900），法國喇沙修會的聖約瑟書院（1875）及喇沙書院（1932），美國馬利諾女修會的瑪利諾修會學校（1925）及瑪利諾書院（1927）；華仁書院是由華人教徒創辦的，但在 1924 年由耶穌會接辦。社會服務方面，以女嬰院設立最早，當年棄嬰甚多，尤以女嬰為甚，法國、意大利的女修會及英國聖公會、德國的巴陵會均收養棄嬰，並授以一技之長以助其自立。德國信義宗創辦心光盲人院，是本港首間為盲人服務的機構。

在十九世紀，大部份華人與外籍僑民的聯繫不多，威廉‧羅便臣總督曾就本地華人受英文化影響之少作出唱歎。那時代，西人與華人住在不同區域，雙方活動圈子與生活方式迥然不同，仿似生活在兩個不同的世界。但隨着西式教育的推廣及基督宗教的傳播，懂外語（主要是英語）的華人漸多，信教意味着摒棄祖先崇拜和與家鄉決裂，意識形態與西人更為接近。步入二十世紀後，西方文化影響逐漸呈現，在衣、食、住、行及風俗習慣方面均如是；起初是剪髮不易服，後來男子穿西服的人漸多，女子摒棄了裹足惡習；西餐（英、法、德、俄、葡）及印度的咖喱豐富了港人的食饌；部份富有華人興建歐式豪宅，並遷上半山，與西人為鄰；一般房屋的衛生情況有所改善，城市中心出現了樹木婆娑的公共花園；傳統的轎子逐漸被纜車、電車、巴士及轎車所取代；西醫漸趨普及，英文書院取代了傳統書塾；在娛樂消遣方面，歌壇、舞榭、廣東大戲漸走下坡，電影院、舞廳、遊樂場成時髦去處，洋煙洋酒漸代替了土煙土酒，西方文化的影響與日俱增。

此外，行之千年的「妹仔」制度被廢除，西化華人仿照西人模式設立商會、會所及體育會，華商總會、中華遊樂會及南華足球會乃由一批受過西式教育的買辦商人如何啟、韋玉、謝瓚泰、何東、莫慶等人按照香港總商會、香港會、香港足球會等西人組織而成立的。其時種族歧視情況十分嚴重，西人會所把華人拒之門外，華人便自行籌組會所以作聯誼及增強體質。

除了上文提到的影響外，外籍族群，特別是歐美男子多單身來港，不少在港與本地華裔婦女同居，生育了一些歐亞混血兒，由母親撫養成人，其中何東、羅長肇、陳啟明、羅旭龢等皆為表表者。他們均卒業於英文書院，接受過雙語教育薰陶，但皆以華人自居，其中何東、何福、羅長肇、陳啟明、羅文錦、羅旭龢皆深獲港府器重，或獲委為立法局或行政局議員，部份更獲封爵士銜，在摩星嶺擁有特批的墳場，在二次大戰前曾扮演華人與西人間的橋樑角色，顯赫一時。

「非我族類，其心必異」，是耶？非耶？讀者在翻閱過本書後想必已找到答案。

## 戰前香港外籍人口（1871-1931）

| 年份 | 1871 | 1876 | 1881 | 1891 | 1897 | 1901 | 1906 | 1911 | 1921 | 1931 |
|---|---|---|---|---|---|---|---|---|---|---|
| 英國 | 869 | 699 | 785 | 1,448 | 2,374 | 3,007 | 4,097 | 3,761 | 7,889 | 14,366* |
| 葡萄牙 | 1,367 | 1,718 | 1,869 | 2,089 | 2,267 | 1,956 | 2,310 | 2,558 | 2,609 | 3,198* |
| 法國 | 60 | 45 | 42 | 89 | 118 | 103 | 150 | 148 | 208 | 260* |
| 德國 | 170 | 154 | 188 | 208 | 366 | 445 | 738 | 342 | 3 | 179 |
| 美國 | 133 | 81 | 70 | 93 | 223 | 351 | 337 | 295 | 470 | 494** |
| 俄羅斯 | 6 | 1 | 7 | 14 | 15 | 15 | 29 | 10 | 36 | 127 |
| 猶太 | 65 | 46 | 71 | | 163 | 165 | 156 | 231 | | 129 |
| 日本 | | | | | 398 | 702 | 1,118 | 958 | 1,585 | 2,205** |
| 印度 | | | | | | 1,548 | 2,160 | 2,012 | | 4,745* |
| 西印度 | | | | | 5 | 12 | 8 | 16 | | 9 |
| 巴斯 | | | | | 17 | 16 | 4 | 15 | 1 | 13 |
| 阿美尼亞 | | | | | 15 | 9 | 18 | 5 | | 9 |
| 歐亞混血兒 | | | | | | | 228 | 42 | | 837 |
| 外籍人口總數 | 2,736 | 2,767 | 3,040 | 7,010 | 8,034 | 9,362 | 12,415 | 12,075 | 14,798 | 28,322* |
| 香港人口總數 | 124,193 | 139,144 | 160,402 | 217,936 | 241,762 | 283,905 | 319,803 | 456,739** | 625,166 | 849,751* |

\* 包含軍人

\*\* 包含商船隊

資料來源：歷年香港政府人口調查報告。

# 附錄二

## 戰前的私人會所及遊樂場

開埠初期，來自五湖四海的外籍人士，漂洋過海來到這個陌生的小島，日常生活所需以至體育娛樂的設施皆欠奉。一些外籍族群逐漸結集鄉里、國人，組織各式各樣的會所，作為異鄉人聯誼、消遣甚至洽談商務的地方，香港會所、美國會、德國會便是例子。

與此同時，一些熱衷體育活動的洋人，希望在這片殖民地繼續發展其興趣，遂向政府申請撥地，把祖家的康體活動引入香港，因而產生了今天極具爭議的「私人遊樂場地契約」。契約的原意是，政府以免收地價或象徵式地價方式，撥地給體育會或私人會所推動康樂及體育活動。會所可向會員或設施使用者收取費用，或透過自行籌募經費，提供體育設施和相關的服務。香港木球會、香港足球總會、香港哥爾夫球會等，就是按此條例成立。[1] 有關戰前成立的私人會所及遊樂場的名稱、成立年份及所屬族群細列如下：

| 會所名稱 | 成立年份 | 族群 |
|---|---|---|
| Hong Kong Club（香港會所） | 1846 | 英國 |
| The Victoria Regatta Club（域多利遊艇會） | 1849 | 英國 |
| Hong Kong Cricket Club（香港木球會） | 1851 | 英國 |
| Club Lusitano（西洋會所） | 1866 | 葡萄牙 |

| | | |
|---|---|---|
| Ladies' Recreation Club（婦女會） | 1883 | 英國 |
| HK Jockey Club（香港賽馬會，前名「英皇御准香港賽馬會」） | 1884 | 英國 |
| Hong Kong Football Club（香港足球總會） | 1886 | 英國 |
| Hong Kong Golf Club（香港哥爾夫球會） | 1889 | 英國 |
| Hong Kong Hockey Club | 1891 | 英國 |
| Peak Club（山頂會所） | 1893 | 英國 |
| Royal Hong Kong Yacht Club（皇家香港遊艇會） | 1894 | 英國 |
| Craigengower Cricket Club（紀利華木球會） | 1894 | 英國 |
| 華商會所（The Chinese Club） | 1897 | 本地華人 |
| Hong Kong Parsee Cricket Club（香港巴斯木球會） | 1897 | 巴斯 |
| The Kowloon Bowling Green Club（九龍草地滾球會） | 1900 | 英國 |
| Club Germania（德國會） | 1902 | 德國 |
| Kowloon Cricket Club（九龍木球會） | 1904 | 英國 |
| 香港日本人俱樂部 | 1905 | 日本 |
| 南華體育會 | 1910 | 本地華人 |
| United Services Recreation Club（三軍會） | 1911 | 英國 |
| The Club de Recreio（西洋波會） | 1911 | 葡萄牙 |
| 中華遊樂會（The Chinese Recreation Club） | 1912 | 本地華人 |
| Indian Recreation Club（印度遊樂會） | 1918（始於1867） | 印度 |
| American Club（美國會） | 1919 | 美國 |
| Welfare League（同仁會） | 1929 | 歐亞混血兒 |
| Kowloon Indian Tennis Club（九龍印度網球會） | 1924-1925 | 印度 |

## 註釋

1　有關私人遊樂場地契約以及 2013 年審計署對民政事務局執行相關條例時的批評，參見香港特別行政區民政事務局，http://www.hab.gov.hk/tc/other_information/prls.htm〔瀏覽日期：2014 年 1 月 2 日〕；《審計署署長報告書》，第 61 號（香港：政府印務局，2013 年 10 月），第 1 章，擷取自 http://www.aud.gov.hk/chi/pubpr_arpt/rpt_61.htm〔瀏覽日期：2014 年 1 月 2 日〕；香港特別行政區立法會，立法會民政事務委員會私人遊樂場地契約，2013 年 7 月 8 日，文件編號：CB(2)2314/10-11(01)，擷取自 www.legco.gov.hk/yr10.../ha0708cb2-2314-1-c.pdf〔瀏覽日期：2014 年 1 月 2 日〕。

# 參考資料

## 政府檔案

香港特別行政區民政事務局，http://www.hab.gov.hk/tc/other_information/prls.htm〔瀏覽日期：2014 年 1 月 2 日〕。

香港特別行政區立法會，立法會民政事務委員會私人遊樂場地契約，2013 年 7 月 8 日，文件編號：CB（2）2314/10-11（01），擷取自 www.legco.gov.hk/yr10.../ha0708cb2-2314-1-c.pdf〔瀏覽日期：2014 年 1 月 2 日〕。

《審計署署長報告書》，第 61 號（香港：政府印務局，2013 年 10 月），擷取自 http://www.aud.gov.hk/chi/pubpr_arpt/rpt_61.htm〔瀏覽日期：2014 年 1 月 2 日〕。

*Administrative Report of Hong Kong*

Carl Smith Collection, Hong Kong Public Record Office, Card No.: 76601, 81199, 81201, 89035, 103445, 105175, 107733, 116701, 129183, 129185, 146335, 147587, 148373, 148375, 148857, 148865, 166473, 177461, 177469, 177471, 177473.

CO 129/12.

*Hong Kong Blue Book*

*Hong Kong Sessional Papers*

*Report on the Census of the Colony of Hong Kong*, 1862, 1871, 1881, 1891, 1897, 1901, 1911, 1921, 1931.

## 報章

《香港工商日報》

*Hong Kong Daily Press*

*The Hongkong Telegraph*

*The China Mail*

*The Sunday Morning Post*

## 專著及期刊論文

丁新豹：《人物與歷史：跑馬地香港墳場初探》，香港：香港當代文化中心，2008。

丁新豹：〈歷史的轉折：殖民體系的建立和演進〉，載王賡武編：《香港史新編》上冊，香港：三聯書店，1997，頁 59-130。

丁新豹主編：《香港歷史散步》，香港：商務印書館，2008。

〔日〕小阪文也著、吳艷譯：《孫中山與梅屋庄吉：推動辛亥革命的日本人》，北京：世界知識出版社，2011。

史萊達（Herman Schlyter）著、周天和譯：《韓山明：瑞典第一位前往中國的傳教士》，香港：基督教香港崇真會，2008。

〔日〕平野久美子：《食べ物が語る香港史》，東京：株式會社新潮社，1998。

田英傑編著、游麗清譯：《香港天主教掌故》，香港：聖神研究中心、聖神修院校外課程部，1983。

申頌詩著、馮彩華譯：〈沙爾德聖保祿女修會在香港〉，載夏其龍、譚永亮編：《香港天主教修會及傳教會歷史》，香港：香港中文大學天主教研究中心，2011，頁 7-77。

《先鋒與典範：美孚在中國的一百年》，香港：香港美孚石油有限公司，1994。

何心平：《美國天主教傳教會與香港》，香港：香港中文大學天主教研究中心，2011。

何家騏、朱耀光：《香港警察：歷史見證與執法生涯》，香港：三聯書店，2011。

吳昊：《飲食香江》，香港：南華早報，2001。

李天綱：《中國禮儀之爭：歷史、文獻和意義》，上海：上海古籍出版社，1998。

李志剛：《基督教與香港早期社會》，香港：三聯書店，2012。

李長森：《明清時期澳門土生族群的形成發展與變遷》，北京：中華書局，2007。

汪之成：《上海俄僑史》，上海：三聯書店，1993。

汪之成：《近代上海俄國僑民生活》，上海：上海辭書出版社，2008。

明愛社區發展服務：《薄扶林村：太平山下的歷史聚落》，香港，三聯書店，2012。

林悟殊：《波斯拜火教與古代中國》，台北：新文豐出版公司，1995。

〔日〕松浦章等編著：《遐邇貫珍（附解題、索引）》，上海：上海辭書出版社，2005。

施拉德（Wilhelm Schlatter）著、周天和譯：《真光照客家：巴色差會早期來華宣教簡史，1839-1915》，香港：基督教崇真會，2008。

施拉德（Wilhelm Schlatter）著、周天和譯：《曠野一孤雁：黎力基傳》，香港：基督教香港崇真會，2012。

〈軍人加入香港警隊概況（五）〉，《警聲》，688 期（2000 年 9 月 27 日至 10 月 10 日），取自 http://www.police.gov.hk/offbeat/688/024_c.htm〔瀏覽日期：2013 年 5 月 14 日〕。

香港日本人俱楽部史料編集委員会：《香港日本人社会の歴史：江戸から平成まで》，香港：香港日本人俱楽部史料編集委員會，2006。

《香港日本人墓地：寫真集》，香港：香港日本人俱楽部，2006。

香港保良局董事會編纂：《香港保良局史略（創局九十周年）》，香港：香港保良局，丙午〔1966〕。

《孫文と梅屋庄吉：100年の中国と日本》，東京：東京国立博物館、每日新聞社，2011。

浸信會出版部編：《香港基督教教育的先驅：叔何顯理、王湯寵靈女士傳略》，香港：浸信會出版部，1955。

高添強：〈香港墳場發展史略〉，載張燦輝、梁美儀合編：《凝視死亡：死與人生的多元省思》，香港：中文大學出版社，2005。

高添強：《高山景行：香港仔華人永遠墳場的建立與相關人物》，香港：香港華人永遠墳場管理委員會，2012。

〔意〕基姬拉‧貝塔：〈上海的邊緣西方人：巴格達猶太人社團（1845-1931）〉，載熊月之等：《上海的外國人，1842-1949》，上海：上海古籍出版社，2003，頁 243-260。

張慶捷：《民族匯聚與文明互動：北朝社會的考古學觀察》，北京：商務印書館，2010。

張學明：〈香港聖保祿修會的慈善服務〉，載張學明、梁元生主編：《歷史上的慈善活動與社會動力》，香港：香港教育圖書公司，2005，頁 237-258。

梁雄姬：《中西融和：羅何錦姿》，香港：三聯書店，2013。

郭德焱：《清代廣州的巴斯商人》，北京：中華書局，2005。

〔日〕野田實之助：《香港事情》，香港：出版社缺，1978。

湯泳詩：《一個華南客家教會的研究：從巴色會到香港崇真會》，香港：基督教中國宗教文化研究社，2002。

湯泳詩：《瑞澤香江：香港巴色會》，香港：香港大學博物美術館，2005。

費成康：《澳門四百年》，上海：上海人民出版社，1988。

黃曉菊：〈俄羅斯人在東北：半個世紀的僑民歷程〉，《中俄關係的歷史與現實》（第二輯），2009 年，頁 208-217。

〔日〕奧田乙治郎：《明治初年に於ける香港日本人》，台北：台灣總督府熱帶產業調查會，昭和 12〔1937〕。

榮新江、張志清編：《從撒馬爾干到長安：粟特人在中國的文化遺蹟》，北京：北京圖書館出版社，2004。

劉紹麟：《中華基督教合一堂史：從一八四三建基至現代》，香港：中華基督教合一堂，2003。

劉智鵬：《香港早期華人菁英》，香港：中華書局，2011。

劉粵聲：《香港基督教會史》，香港：香港浸信教會，1996。

劉詩平：《金融帝國：滙豐》，香港：三聯書店，2009。

鄭宏泰、黃紹倫：《何東花園：山巔堡壘》，香港：中華書局，2012。

鄭宏泰、黃紹倫：《何家女子：三代婦女傳奇》，香港：三聯書店，2010。

鄭宏泰、黃紹倫：《香港大老：何東》，香港：三聯書店，2007。

鄭宏泰、黃紹倫：《香港將軍：何世禮》，香港：三聯書店，2008。

鄭宏泰、黃紹倫：《婦女遺囑藏著的秘密：人生、家庭與社會》，香港：三聯書店，2010。

蘇精：〈郭實臘和其他傳教士的緊張關係〉，載蘇精：《上帝的人馬：十九世紀在華傳教士的作為》，香港：基督教中國宗教文化研究所，2006，頁 33-71。

蘇精：《中國，開門：馬禮遜及相關人物研究》，香港：基督教中國宗教文化研究社，2005。

饒玖才：《香港的地名與地方歷史（上）——港島與九龍》，香港：天地圖書有限公司，2011。

Bard, Solomon. M. *Light and Shade: Sketches from an Uncommon Life.* Hong Kong: Hong Kong University Press, 2009.

Bard, Solomon. *Traders of Hong Kong: Some Foreign Merchant Houses, 1841-1899.* Hong Kong: Urban Council, 1993.

Batra, Gulbir Singh. *Sikhs in Hong Kong.* Hong Kong: Sri Guru Gobind Singh Educational Trust: Khalsa Diwan (Sikh Temple), [2012].

Becker, Bert. "German Business in Hong Kong Before 1914." *Journal of the Hong Kong Branch of the Royal Asiatic Society* Vol. 44 (2004), pp. 91-113.

Boxer, Charles. *Fidalgos in the Far East.* Michigan: University of Michigan, 1948.

Braga, J.M. *Hong Kong Business Symposium: A Compilation of Authoritative Views on the Administration, Commerce and Resources of Britain's Far East Outpost.* Hong Kong: South China Morning Post Ltd., 1957.

Braga, Jose Pedro. *The Portuguese in Hong Kong and China : Their Beginning, Settlement and Progress to 1949.* 澳門：澳門大學，2013。

Cameron, Nigel. *The Milky Way: The History of Dairy Farm.* Hong Kong: The Dairy Farm Company Ltd., 1986.

Carrol, John. M. *Edge of Empires, Chinese Elites and British Colonials in Hong Kong.* Hong Kong: Hong Kong University Press, 2005.

Chant, Christopher. *Gurkhas: The Illustrated History of an Elite Fighting Force.* Poole: Blandford, 1985.

Cheng, Irene. *Clara Ho Tung, A Hong Kong Lady: Her Family and Her Times.* Hong Kong: The Chinese University of Hong Kong, [1976].

Cheng, Irene. *Intercultural Reminiscences.* Hong Kong: David C. Lam Institute for East-West Studies, Hong Kong Baptist University, 1997.

Cheung, Frederick. "The Contribution of the Sisters of St Paul de Chartres in Hong Kong in the Twentieth Century." *Ritsumeikan Journal of Asia Pacific Studies.* Vol. 23 (2007), pp. 89-98.

Chiu, Patricia P. K. *A History of The Grant School Council: Missions, Vision and Transformation.* Hong Kong: Grant School Council, 2013.

Chu Yik-yi Cindy. *The Maryknoll Sisters in Hong Kong, 1921-1969: In Love with the Chinese.* New York: Palgrave Macmillan, 2004.（中譯本：朱益宜著、朱益宜、周玉鳳合譯：《關愛華人：瑪利諾修女與香港，1921-1969》，香港：中華書局，2007。）

Coates, Austin. *China Races.* Hong Kong: Oxford University Press, 1983.

Coe, Andrew. *Eagles & Dragons: A History of Americans in China & the Origins of the American Club Hong Kong.* Hong Kong: American Club, 1997.

Coughlin, Margaret Morgan. *Strangers in the House: J. Lewis Shuck and Issachar Roberts, First American Baptist Missionaries to China.* Ann Arbor, Michigan: UMI, 1995.

Cunich, Peter. *A History of the University of Hong Kong.* Vol. 1: *1911-1945.* Hong Kong: Hong Kong University Press, 2012.

Deacons. *Deacons: Celebrating 155 Years of Legal Service.* Hong Kong: Deacons, 2006.

Drage, Charles. *Taikoo.* London: Constable & Co, Commerce and Resources of Britain's Far Eastern Outpost, 1970.

Endacott, G. B. *Government and People in Hong Kong 1841-1962.* Hong Kong: Hong Kong University Press, 1964.

Endacott, G. B. *The Diocese of Victoria, Hong Kong: A Hundred Years of Church History.* Hong Kong: Kelly & Walsh, 1949.

Endacott, G. B. *A Biographical Sketchbook of Early Hong Kong.* Singapore: D. Moore for Eastern Universities Press, 1962.

Faure, David, ed. *Society.* Hong Kong: Hong Kong University Press, 1997, chapter 3.

Forjaz, Jorge. *Familias Macaenses.* Macau: Fundacao Oriente & Instituto Cultural De Macau, 1996.

Gittins, Jean. *Eastern Windows - Western Skies*. Hong Kong: South China Morning Post, 1969.

Haffner, Christopher. *The Craft in the East*. Hong Kong: District Grand Lodge of Hong Kong and the Far East, 1977.

Hall, Peter. *In the Web*. Wirral, England: Peter A. Hall, 1992.

Hall, Thelma Wolfe. *I Give Myself: The Story of J. Lewis Shuck and His Mission to the Chinese*. Richmond, Va.: T.W. Hall, 1983.

Hayes, James. "The Royal Asiatic Society, Hong Kong Branch." *Journal of the Hong Kong Branch of the Royal Asiatic Society* Vol.34 (1994), pp.129-146.

Ho, Eric Peter. *The Welfare League: The Sixty Years: 1930-1990* [HK: n.p.].

Ho, Eric Peter. *Tracing My Children Lineage*. Hong Kong: Hong Kong University Press, 2010.

Hoe, Susanna. *The Private Life of Old Hong Kong*. Hong Kong: Oxford University Press, 1991.

Holdsworth, May, and Christopher Munn, eds. *Dictionary of Hong Kong Biography*. Hong Kong: Hong Kong University Press, 2012.

*Hong Kong Society for the Protection of Children Fifth Annual Report, covering the period from 1ˢᵗ November, 1933 to 31ˢᵗ October, 1934*. Hong Kong: Ye Olde Printerie Ltd., 1934.

Huang, Mark. *Sons of La Salle Everyone, A History of La Salle College and Primary School 1932-2007*. Hong Kong: La Salle College Old Boys' Association, 2008.

Hunter, William C. *The 'Fan Kwae' at Canton before Treaty Days, 1825-1844*. Shanghai: The Oriental Affairs, [1938].（中譯本：威廉‧C‧亨特（William C. Hunter）著、馮樹鐵譯：《廣州「番鬼」錄，1825-1844——締約前「番鬼」在廣州的情形》，廣州：廣東人民出版社，1993。）

Jeter, J. B. *A Memoir of Mrs. Henrietta Shuck: The First American Female Missionary to China*. Boston: Gould, Kenail & Lincoln, 1850.

King, Frank H. H. *The History of the Hongkong and Shanghai Banking Corporation*, Four Volumes. Cambridge: Cambridge University Press, 1987.

Koo, Barnabas H. M. *The Portuguese in Hong Kong and China: Their Beginning, Settlement and Progress to 1949*, Volume 1. Macau: Universidade De Macau & Instituto Internacional de Macau, 2013.

Kwok Siu-tong, and Narain, Kirti. *Co-prosperity in Cross-culturalism: Indians in Hong Kong.* Hong Kong: Commercial Press, 2003.

Lee, Vicky. *Being Eurasian: Memories across Racial Divides.* Hong Kong: Hong Kong University Press, 2004.

Leigh & Orange. *L & O Architects.* Hong Kong: Leigh & Orange, 2006.

Lepeu, Bruno. "The Asian Missionary Network of the Paris Foreign Missions." In *History of Catholic Religious Orders and Missionary Congregations in Hong Kong.* Vol. 2: *Research Papers.* Louis Ha and Patrick Taveirne eds. Hong Kong: Centre for Catholic Studies, Chinese University of Hong Kong, 2009, pp. 76-126.

Levanthal, Dennis A. *The Jewish Community of Hong Kong: An Introduction.* Hong Kong: Jewish Historical Society, 1988, revised edition.

Leventhal, Dennis A. and Mary W. Levanthal, eds. *Faces of the Jewish Experience in China.* Hong Kong: Jewish Historical Society, 1990.

Lim, Patricia. *Forgotten Souls: A Social History of the Hong Kong Cemetery.* Hong Kong: Hong Kong University Press, 2011.

Mak, Ricardo K.S. "Business for Business Sake: German Merchants in Nineteenth Century Hong Kong." In Ricardo K. S. Mak and Danny S. L. Pau, eds. *Sino-German Relations Since 1800: Multidisciplinary Explorations.* Frankfurt am Main: Peter Lang, 2000, pp. 31-52.

McDougall, Kate, and Bruce Pettman. *The Ohel Leah Synagogue, Hong Kong: Its History and Restoration.* Hong Kong: Jewish Historical Society, 2001.

Melchers, Henning. *The History of Melchers & Co., 1806-2006.* Bremen:

Hauschild, 2006.

Miller, Laura, and Arne Wasmuth. *Three Mackerels: The Story of the Jebsen and Jessen Family Enterprise*. Hong Kong: Now.com, 2008.

Miners, Norman. *Hong Kong under Imperial Rule*. Hong Kong: Oxford University Press, 1987.

Ng Benjamin Wai-Ming. "Making of a Japanese Community." In Cindy Yik-Yi Chu, ed. *Foreign Communities in Hong Kong, 1840s-1950s*. New York: Palgrave MacMillan, 2005, pp. 113-132.

O'Connor, Paul. *Islam in Hong Kong: Muslims and Everday Life in China's World City*. Hong Kong: Hong Kong University Press, 2012.

"Old Timer." "The British Traders and Hong Kong." In J. M. Braga (comp), *Hong Kong Business Symposium: A Compilation of Authoritative Views on the Administration*. Hong Kong: South China Morning Post, 1957, pp. 277-279.

Owen, A. D. *The Club: Special Commemorative Issue, 1897-1981*. Hong Kong: Club Publications, 1982.

P & T Group. *P & T Group, 130 Years Architect in Asia*. Hong Kong: Pace Publishing Ltd., 1998.

Pestonji, R. "The Parsis in Hong Kong." In *Hong Kong Business Symposium: A Compilation of Authoritative Views on the Administration*. Hong Kong: South China Morning Post, 1957, pp. 297-299.

Pichon, Alain Le. "Portrait of a Practical Visionary: Father Leon Robert MEP and the Sisters of St Paul de Chartres in Hong Kong." *Journal of Asiatic Society Hong Kong Branch*. Vol. 52(2012), pp. 225-266.

Pichon, Alain Le. *Bethanie and Nazareth: French Secrets from a British Colony*. Hong Kong: The Hong Kong Academy for Performing Art, University Press, 2010. （中譯本：樂艾倫：《伯大尼與納匝肋：英國殖民地上的法國遺珍》，香港：香港演藝學院，2006。）

Pichon, Alain Le. *China Trade and Empire: Jardine, Matheson & Co. and the Origins of British Rule.* Oxford; New York: Oxford University Press, 2006.

Plüss, Caroline B. *The Social History of the Jews of Hong Kong: A Resource Guide.* Hong Kong: Jewish Historical Society, 1999.

Plüss, Caroline. "Migrants from India and their relations with British and Chinese Residents." In Cindy Yik-yi Chu, eds., *Foreign Communities in Hong Kong, 1840s-1950s.* New York: Palgrave Macmillan, 2005, pp. 155-170.

Robinson, Spencer. *A History of the Hong Kong Cricket Club.* London: Centurion Books, 1989.

Ryan, Thomas F. *The Story of a Hundred Years.* Hong Kong: Catholic Truth Society, 1959.

Share, Michael. *Where Empires Collided: Russian and Soviet Relations with Hong Kong, Taiwan, and Macao.* Hong Kong: The Chinese University Press, 2007.

"Shewan, Tomes & Co., Ltd." In J. M. Braga (comp), *Hong Kong Business Symposium: A Compilation of Authoritative Views on the Administration.* Hong Kong: South China Morning Post, 1957, p. 499.

Sisters of St Paul de Chartres. *Almost as Old as Hong Kong.* Hong Kong: Sisters of St Paul de Chartres, 1973.

Sisters of St Paul de Chartres. *Asile de la Sainte-Enfance: French Convent.* Chartres: Imprimerie Durand, 1910.

Smith, Carl T. *A Sense of History: Studies in the Social and Urban History of Hong Kong.* Hong Kong: Hong Kong Educational Publishing Co., 1995.（中譯本：施其樂著、宋鴻耀譯：《歷史的覺醒：香港社會史論》，香港：香港教育圖書公司，1999。）

Smith, Carl T. *Chinese Christians, Elites, Middlemen, and the Church in Hong Kong,* Hong Kong: Oxford University Press, 1985.

Smith, Carl T. "The Early Jewish Community." In Carl T. Smith, *A Sense of History: Studies in the Social and Urban History of Hong Kong.* Hong

Kong: Hong Kong Educational Publishing Co., 1995, pp. 398-413.

Smith, Carl T. "The Establishment of the Parsee Community in Hong Kong." In Carl T. Smith, *A Sense of History: Studies in the Social and Urban History of Hong Kong.* Hong Kong: Hong Kong Educational Publishing Co., 1995, pp. 389-397.

Smith, Carl T. "The German Speaking Community in Hong Kong, 1846-1918." *Journal of the Hong Kong Branch of the Royal Asiatic Society,* Vol 34, 1994, published in 1997, pp. 1-55.

Smith, Carl T., and Paul Van Dyke, "Armenian Footprints in Macao." *Review of Culture, International Edition*, No.8 (Oct. 2003), pp. 20-39.

Smith, Carl T., and Paul Van Dyke, "Four Armenian Families." *Review of Culture, International Edition*, No.8 (Oct. 2003), pp. 40-50.

Snow, Phillip. *The Fall of Hong Kong: Britain, China and the Japanese Occupation.* New Haven, CT: Yale University Press, 2003.

Speitkamp, Winfried. "The German in Hong Kong 1860-1914: Social Life, Political Interest and National Identity." In Ricardo K.S. Mak and Danny S. L. Pau, eds. *Sino-German Relations Since 1800: Multidisciplinary Explorations*. Frankfurt am Main: Peter Lang, 2000, pp. 53-72.

Sweeting, Anthony. *Education in Hong Kong, Pre-1841 to 1941: Fact and Opinion.* Hong Kong: Hong Kong University Press, 1989.

Taraporewala, I. J. S. *The Religion of Zarathushtra.* Tehran: Sazman-E-Faravahar, 1980.

Tse Liu, Frances. *Ho Kom-tong: A Man for All Seasons.* Hong Kong: Compradore House Ltd., 2003.

Vaid, K. N. *The Overseas Indian Community in Hong Kong.* Hong Kong: Centre of Asian Studies, University of Hong Kong, 1972.

Van Dyke, Paul A. *Merchants of Canton and Macao, Politics and Strategies in Eighteenth-Century Chinese Trade.* Hong Kong: Hong Kong University

Press, 2011.

Van Dyke, Paul A. *The Canton Trade: Life and Enterprise on the China Coast, 1700-1845*. Hong Kong: Hong Kong University Press, 2007.

Walker, Richard T. "Joseph Whittlesey Noble, 1862-1949: An Oriental Entrepreneur." *Bulletin of the History of Dentistry,* Vol. 33 No. 1 (Apr. 1985), pp. 7-12.

Ward, Iain. *Sui Geng: The Hong Kong Marine Police, 1841-1950*. Hong Kong: Hong Kong University Press, 1991.

White, Barbara Sue. *Turbans and Traders: Hong Kong's Indian Communities*. Hong Kong: Oxford University Press, 1994.

Wolfendale, Stuart. *Imperial to International: A History of St John's Cathedral, Hong Kong,* Hong Kong: Hong Kong University Press, 2013.

Wong Man Kong. *James Legge, A Pioneer at Crossroads of East and West*. Hong Kong: Hong Kong Educational Publishing Co., 1996.

Wong, Timothy M. K. "The Limits of Ambiguity in German Identity in Nineteenth Century Hong Kong: With Special Reference to Earnest John Eitel(1838-1908)." In Ricardo K.S. Mak and Danny S. L. Pau, eds. *Sino-German Relations Since 1800: Multidisciplinary Explorations*. Frankfurt am Main: Peter Lang, 2000, pp. 73-92.

Wood, Frances. *No Dogs and not Many Chinese: Treaty Port Life in China 1843-1943*. London: John Murray (Publishers) Limited, 1998.

Wright, Arnold. *Twentieth Century Impressions of Hong Kong: History, People, Commerce, Industries, and Resources.* Singapore: Graham Brash, 1990, Reprinted.

Wright, Arnold. *Twentieth Century Impressions of Hong-kong, Shanghai, and Other Treaty Ports of China: Their History, People, Commerce, Industries, and Resources.* London: Lloyd's Greater Britain Publishing Company Ltd., 1908.

Xavier, Eduardo M. S. "The Portuguese in Business." In J. M. Braga, *Hong Kong Business Symposium: A Compilation of Authoritative Views on the Administration, Commerce and Resources of Britain's Far East Outpost.* Hong Kong: South China Morning Post Ltd., 1957, p. 302.

Yanne, Andrew and Heller, Gillis. *Signs of a Colonial Era.* Hong Kong: Hong Kong University Press, 2009.

Yeo, Florence. *My Memories.* Pittsburgh, Pa.: Dorrance Pub. Co., 1994.

## 學位論文

Ha Seong-kwong, Louis Edward Keloon. "The Foundation of the Catholic Mission in Hong Kong(1841-1894)." PhD Dissertation, Centre for Asian Studies, The University of Hong Kong, 1998.

Ma Yiu-chung. "Hong Kong's Responses to the Sino-Japanese Conflicts from 1931 to1941." M.Phil Thesis, The University of Hong Kong, 2001.

Sung Hung Mui. "Approaching South Asians in Hong Kong." M.Phil. Thesis, Lingnan University, 2005.

## 錄像資料

《孫文を支えた日本人～辛亥革命と梅屋庄吉～》，日本放送協會，2010，89 分鐘，擷取自 http://www.56.com/u22/v_NjMyODU3Mzk.html〔瀏覽日期：2013 年 5 月 20 日〕。

《恆河水匯香江》，《五色的眼睛》，監製劉瀾昌，香港亞洲電視，播放日期：2006 年 7 月 16 日，DVD，22 分鐘。

《我們的嚤囉廟》，《香港故事 2010》，監製陳志璇，香港電台電視部，播放日期：2010 年 5 月 31 日，VCD，22 分鐘。

《夏利里拉家族》，《香港百人》，監製梁家榮，香港亞洲電視新聞部，播放日期：2011 年 4 月 11 日，DVD，25 分鐘。

## 互聯網

俄羅斯聯邦駐中華人民共和國香港特別行政區總領事館，http://www.russia.com.hk/en〔瀏覽日期：2013 年 5 月 16 日〕。

香港口述歷史檔案，http://www.sociodep.hku.hk/oralhistory/2/2.2.2.6.html〔瀏覽日期：2013 年 3 月 11 日〕。

Abdolally Ebrahim Group, http://www.abdoolally.com/index.php?target=main_1842&lang=en [date of access: Aug. 26, 2013].

Commonwealth War Grave Commission, http://www.cwgc.org/find-a-cemetery/cemetery/49431/HONG%20KONG%20MUSLIM%20CEMETERY [date of access: Sep. 2, 2013].

France in Hong Kong, Consulate General of France in Hong Kong & Macau, http://www.consulfrance-hongkong.org/16-stories-about-Hong-Kong-France [date of access: Dec. 30, 2013].

Hong Kong War Diary, http://www.hongkongwardiary.com/searchgarrison/indianunits.html [date of access: Dec. 27, 2013].

Khalsa Diwan (Hong Kong) Sikh Temple, http://www.khalsadiwan.com/links.htm [date of access: Aug. 24, 2013].

# 後記

　　首先感謝「細味香江系列」主編游子安教授及張瑞威教授的忍耐。「死線」過了一次又一次，仍容忍筆者一拖再拖。繼而感謝姚永傑先生出手相救，令本書半數的文字檔得以重現人間，否則筆者只能繼續推遲完稿日期。最後衷心感謝沙爾德聖保祿女修會（香港）、Jonathan Wattis、張慧真教授、余麗珠女士和高添強先生提供珍貴的照片，增加本書的趣味性。

　　強調他者與我的分別，往往涉及利益分配不均或地位不平等。「移民城市」、「中、西文化融合」既是香港的特色，也是香港歷史的一部份。今天當地球村的概念愈見普及，究竟香港人應該繼續劃清界線、固步自封，還是積極改變他者，使他們融入地球村的大家庭？歷史為我們提供了參考與指引。

2014 年落雹的晚上